房地产企业会计与纳税真账实操

从入门到精通

崔爱丽 编著

中国铁道出版社有限公司
CHINA RAILWAY PUBLISHING HOUSE CO., LTD.

内容简介

本书详细讲解了房地产开发企业主要的会计核算事项，涵盖了房地产开发企业的设立阶段、获取土地阶段、开发建设阶段、转让及销售阶段、投资性房地产、利润结转及分配和财务会计报告等主要业务流程。本书按照房地产开发业务的阶段流程依次介绍，条理分明，便于读者了解各个业务阶段的会计核算的特点与要求。这也是本书的特点和优势。

本书适用于在房地产开发企业从事会计工作的实务工作者，通过列举大量实例，很好地将实务和理论相结合，有利于读者融会贯通，深入掌握。

图书在版编目（CIP）数据

房地产企业会计与纳税真账实操从入门到精通/崔爱丽编著.—北京:中国铁道出版社有限公司，2019.6(2019.11 重印)
ISBN 978-7-113-25628-9

Ⅰ.①房… Ⅱ.①崔… Ⅲ.①房地产企业-会计-中国-教材②房地产企业-税收管理-中国-教材 Ⅳ.①F299.233.3②F812.423

中国版本图书馆 CIP 数据核字(2019)第 048077 号

书　　名： 房地产企业会计与纳税真账实操从入门到精通
作　　者： 崔爱丽

责任编辑： 王　佩　　　　**读者热线电话：** 010-63560056
责任印制： 赵星辰　　　　**封面设计：** MXK DESIGN STUDIO

出版发行： 中国铁道出版社有限公司（100054，北京市西城区右安门西街 8 号）
印　　刷： 北京铭成印刷有限公司
版　　次： 2019 年 6 月第 1 版　2019 年 11 月第 2 次印刷
开　　本： 707 mm×1 000 mm　1/16　印张：15.5　字数：240 千
书　　号： ISBN 978-7-113-25628-9
定　　价： 59.80 元

前　言

PREFACE

世界经济的快速发展使得全球化成为大势所趋。加入世贸组织以后，我国经济也得到迅猛发展，在面临很多发展机遇的同时，我国企业将不得不应对更多更复杂的挑战。这就需要我们严于律己，加强自身的修炼，积极与国际接轨。对于会计行业来说，我们争取与国际接轨的努力一直都没有停止过，近几年我国财会制度的变革和创新较快，取得了很多可喜的成果，目前最新颁布的《企业会计准则》（准则截至 2019 年 1 月 1 日）就是顺应国际化发展的又一成果。

《企业会计准则》是通用于全国各行业的准则，其优点是适用范围广，但是因各行业的情况都不太相同，在具体实施过程中有些细节的处理就存在一些差异。因此，为了满足房地产开发企业会计人员的需要，我们编写了这本书。本书是为了帮助房地产开发企业会计人员领会新企业会计准则的精髓、依据新准则做好房地产开发企业会计实务工作所编写的。全书结合房地产开发企业的特点，对房地产开发企业有关会计政策的选择、会计科目的设置和使用、财务报告披露的相关信息等方面做了较为详细的讲述。另外，书中还强调基本理论、基本知识、基本方法和基本技能的结合，并在阐明基本理论、方法的基础上，通过举例来解读有关准则内容，以帮助读者理解。

本书的主要亮点：

1. 依据目前最新的企业会计准则及相关法规编写

本书以财政部颁布的《企业会计准则》、《企业会计准则指南》、《企业会计准则讲解》为依据，结合房地产开发企业的特点，对房地产开发企业有关会计政策的解读、会计科目的设置和使用、财务报告披露的相关信息等方面做了较为详细的论述。

2. 用图表的形式来展现会计内容

本书将会计内容以图表的方式展现，使得原本枯燥的内容能够精炼、明确、有序而规范地展现在读者面前，这样不仅能使读者较快地了解知识的精髓，也能加深对知识的理解和掌握。

3. 突出房地产开发企业会计核算的特点

本书突出房地产开发企业会计核算的特点，结合房地产开发企业业务的特性介绍会计核算的内容和方法，将准则的统一性、原则性和房地产开发企业业务的特殊性结合起来，针对性强。

由于水平有限，本书中有些细节的讲解可能不尽完善，疏漏之处敬请读者批评指正。读者咨询邮箱为 duzhezixun@139.com。

编　者

目　　录

CONTENTS

第一章　房地产开发企业会计概述

本章导读

房地产是我国国民经济的重要支柱产业，在现代社会经济生活中有着举足轻重的作用。其发展对启动消费、扩大内需、拉动相关产业发展和促进国民经济增长等有着巨大作用。随着房地产开发企业的发展，对财务人员的需求增加，并且对财务工作人员的处理业务能力提出更高的要求。所以本章将在最新颁布的《企业会计准则》的基础上对房地产开发企业会计进行简单的总结和介绍，希望能对初涉房地产开发业的会计人员有所帮助。本章我们重点学习以下内容：

（1）房地产开发企业的主要业务；
（2）房地产开发企业的经营特点；
（3）房地产开发企业的会计概念和职能；
（4）房地产开发企业会计核算的主要内容和特点；
（5）设置会计科目和建账；
（6）房地产开发企业涉及的主要税种。

第一节　房地产开发企业业务概述

房地产是土地和房屋及其权属的总称，是人类赖以生存的基础。房地产业包括房地产开发经营、物业管理、房地产中介服务、自有房地产经营活动及其他房地产业。

房地产开发企业是以营利为目的，从事房地产开发和经营的企业。本书中的房地产开发企业是房地产业中的第一部分，即房地产开发经营，不包括物业管理、房地产中介服务、自有房地产经营活动及其他房地产业。

一、房地产开发企业的主要业务

本部分详见图 1-1。

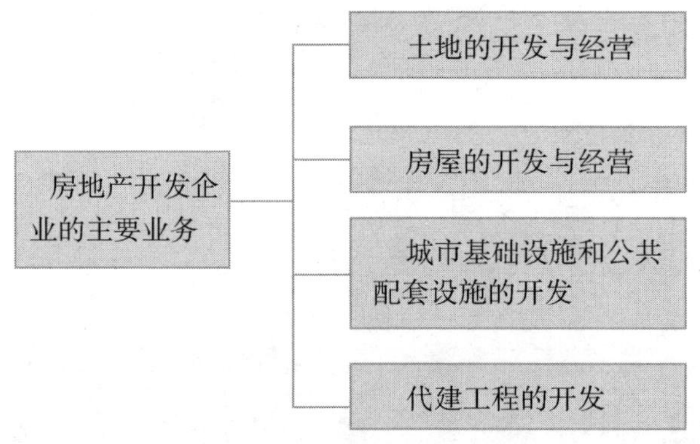

图 1-1　房地产开发企业的主要业务

二、房地产开发企业的经营特点

本部分见图 1-2。

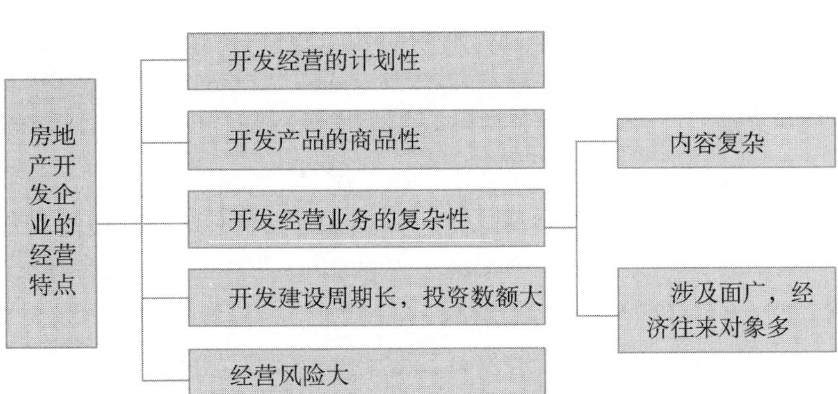

图 1-2　房地产开发企业的经营特点

第二节　房地产开发企业会计概述

一、房地产开发企业会计的概念

房地产开发企业会计是在土地和房屋及配套设施的开发过程中，对其劳动成果及相应的劳动耗费进行计量的专门化会计。房地产开发企业会计的概念见图 1-3。

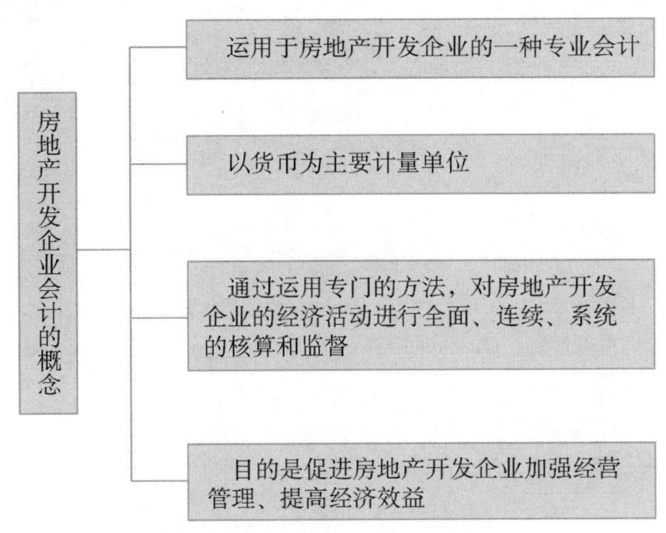

图 1-3　房地产开发企业会计的概念

房地产开发企业会计通过对经济业务事项的确认、计量、记录和报告程序，提供真实、准确、可靠的会计信息，以帮助企业利益相关方，如政府管理部门、企业投资者、经营管理者，及时了解该企业的财务状况、经营成果和现金流量，并据以作出科学合理的经济决策。

房地产开发是通过对土地、建筑材料、市政设施、公共配套设施、劳动力、资金、技术和服务等多种资源的组合利用而为人们提供入住空间，并改变人们生存的物质环境的一种活动。一般情况下，房地产开发过程主要分为五个阶段。房地产开发企业的资金运动在不同阶段表现出不同的资金形态，形成资金的循环与周转。会计人员也应根据不同阶段的资金运动需要进行会计核算。房地产开发过程见图1-4。

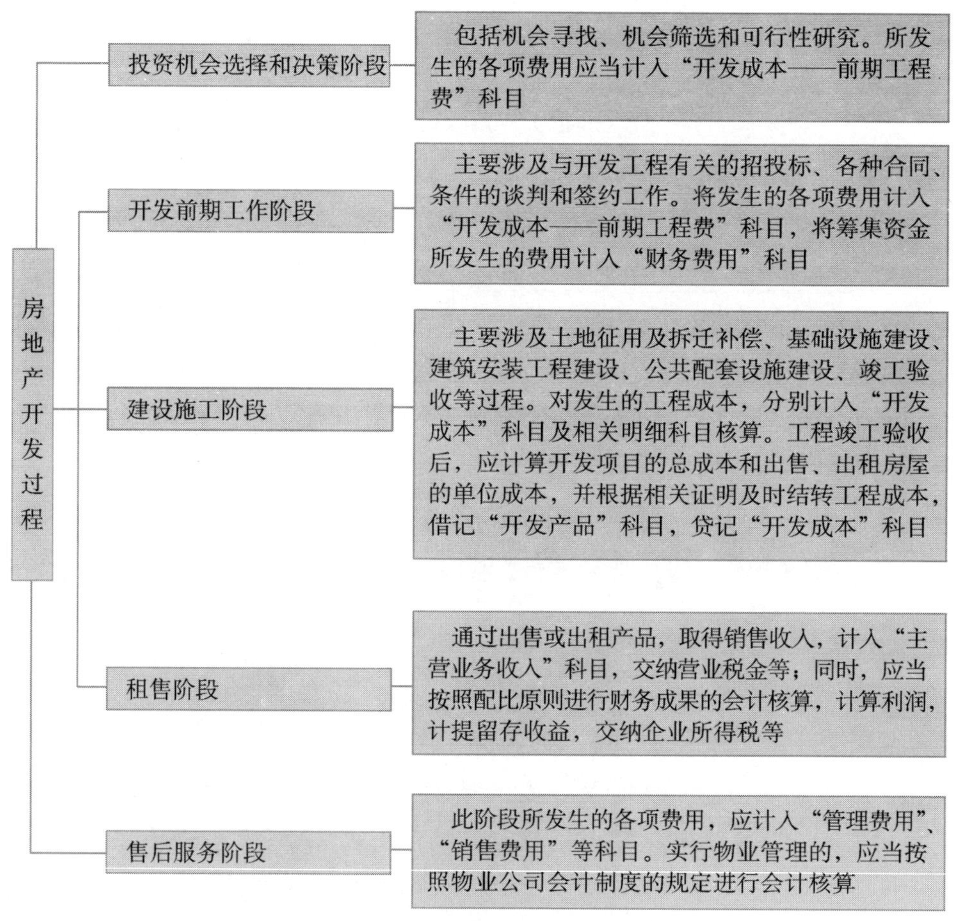

图1-4　房地产开发过程

二、房地产开发企业会计的职能

房地产开发企业会计的职能是会计在经济管理过程中所具有的功能，在不同的经济发展水平下，在不同管理水平的企业中，会计职能的发挥有很大的不同。从我国当前会计实践和会计法规的规定来看，主要有会计核算和会计监督两大职能。《会计法》第 5 条明确规定："会计机构、会计人员依照本法规定进行会计核算，实行会计监督。"具体职能见图 1-5。

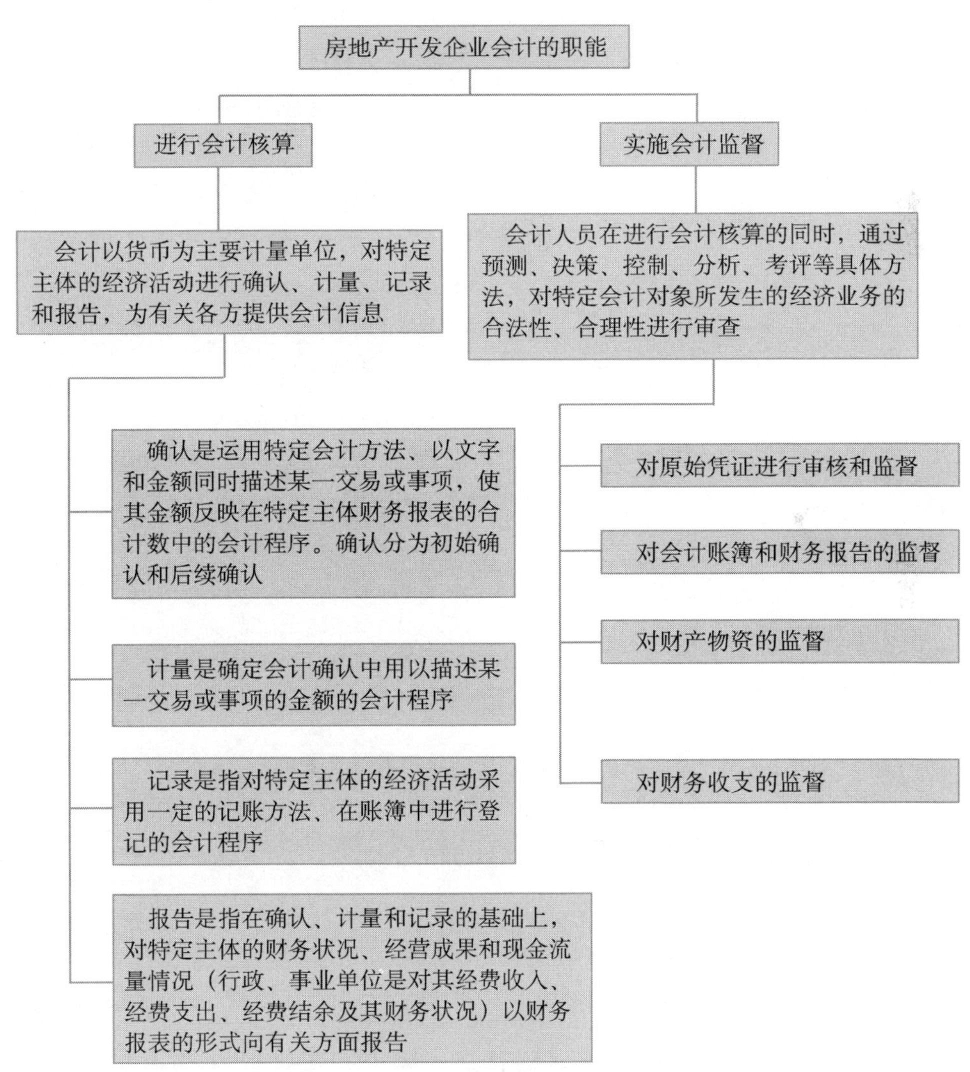

图 1-5　房地产开发企业会计的职能

三、房地产开发企业会计核算的主要内容

房地产开发企业的资金运作方式主要表现在以下几个方面：取得或者筹集资金，在生产过程中运营资金，通过产品（商品）销售收回资金，计算经营成果使部分资金退出或重新进入企业。房地产开发企业会计就是对房地产开发企业资金运动的过程进行会计核算和监督。房地产开发企业会计核算的主要内容见图1-6。

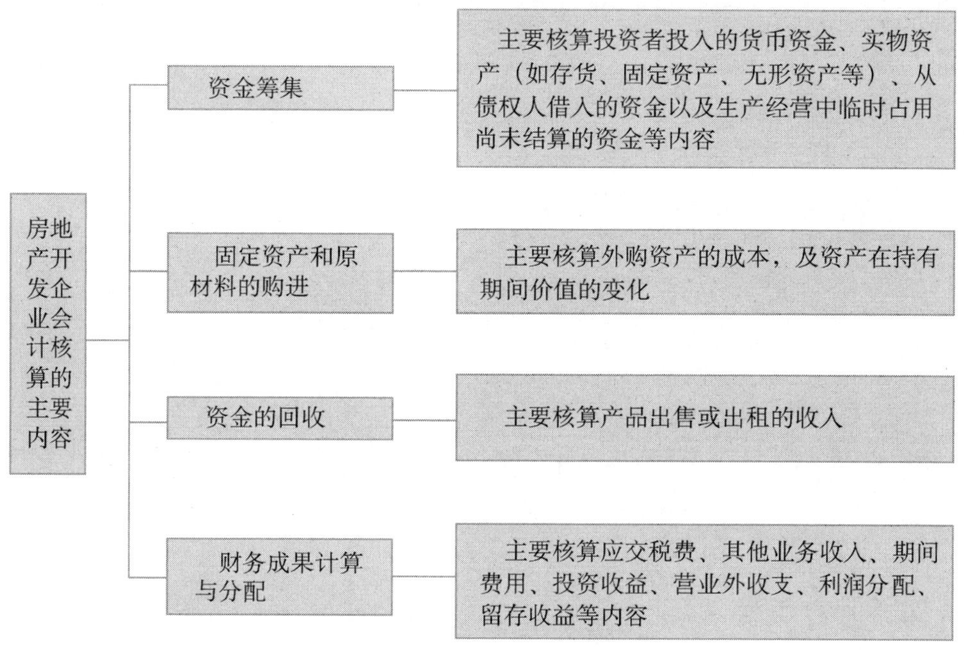

图1-6　房地产开发企业会计核算的主要内容

四、房地产开发企业会计核算的特点

房地产开发企业会计核算有其特殊性，主要体现在以下5个方面。

1. 存货核算的特殊性

因房地产开发企业的建设周期长，故房地产开发企业的存货与一般工商企业的存货相比有两个明显的特点：第一，房地产开发企业的土地使用权是作为存货核算的，而其他企业拥有的土地使用权一般作为无形

资产核算；第二，房地产开发企业存货的借款费用可以资本化。

2. 预收账款核算的特殊性

由于投资额大，建设周期长，房地产开发企业大多实行商品房预售制度。因项目尚未完工，即使开发产品已预售完毕，其预售款项只能计入预收账款，因此，尚未确认为收入的预收账款余额比较大。鉴于房地产开发企业预收账款的特殊性，会计上要求房地产开发企业在预收账款项目附注中，除了列示账龄余额外，还需列示期末余额、预计竣工时间和预售比例。

3. 收入核算的特殊性

由于房地产开发企业的特殊性，使其收入核算有收入多样性、收入确认的特殊性和各期收入的波动性等特点。见表1-1。

表1-1　收入核算的特殊性

特殊性	具体特点
收入的多样性	房地产开发产品的形式包括土地、商品房、配套设施和其他建筑物等，商品房的形式又包括住宅、办公、商业、酒店等多种不同类型
收入确认的特殊性	由于房地产开发产品和开发经营的特殊性，在会计核算时，其收入的确认同一般工商企业相比具有一定的特殊性。房地产开发产品的价值高、开发周期长，需要大量的资金，销售往往采用预售办法，预售属于远期交易，造成收款期与房屋交付期不一致，再加上销售房地产不但需要实物交付还需要产权转移，所以房地产收入确认非常特殊，实务界和理论界对此存在较大的争议
各期收入的波动性	房地产开发企业的开发周期较长，在项目建设期内需要投入大量资金，发生大量费用，但由于项目尚未完工，其预售款项无法确认为收入，只能计入预收账款，因此项目建设期内业绩不佳。项目验收后，则大量预售款项确认为收入。一般而言，在房地产投资建设的初期往往面临资金投入大而收入较少的现象，但在建设后期资金投入相对较少而收入大量增加

4. 成本核算的特殊性

房地产开发企业的成本既不是完全成本，也不是制造成本，成本核算有其特殊性。见表1-2。

表 1-2 成本核算的特殊性

核算特点	具体内容
核算时间跨度长	由于房地产开发周期长，所以成本核算的时间跨度很长，往往超过一年，甚至数年
开发产品的成本组成不同	由于房地产开发企业的产品种类多，且设计多样性，导致开发产品的成本组成具有很大的差异，使得成本核算非常复杂，因此在进行房地产成本核算时，要求根据具体情况进行分析核算
各步骤之间的成本不能明确区分	由于房地产开发周期长，涉及的施工单位多，房地产开发需要不同工种的施工单位协同作业，属于多步骤生产。但它与制造业不同，各工种可在同一时间、同一地点进行平行交叉或立体交叉作业，各生产步骤之间并无明确的时间或地点界限，因此在会计核算上，难以准确计算各步骤开发产品的成本。另外，房地产开发企业的成本核算还存在不同项目核算差异大、滚动开发核算难度大等特点

5. 房地产开发企业的产品售价与其成本不配比

一般商品的售价总是围绕其成本上下波动，房地产开发产品的成本载体是整个建设工程，而销售则是以楼层或户型为单位，这样就造成单个楼层或户型的售价明显与其成本不配比。如同一结构的房屋，低层建筑施工成本低于高层建筑施工成本，但销售时低层售价却高于高层售价；又如“丁字形”楼房虽然同楼层成本一样，但由于朝向不同，其售价相差也很大。通常房地产开发企业的成本结转方法是：按当期竣工后的核算对象的总成本除以总开发建筑面积，得出每平方米建筑面积成本，然后再乘以销售面积得出本期销售成本。这样均摊计算的结果没有考虑房屋楼层、朝向等因素，在一定期间的经营成果就可能不真实。

五、房地产开发企业会计科目设置

为了对房地产企业的经营活动进行会计核算，必须要设置相应的会计科目。会计科目是对会计要素进行分类所形成的具体项目，是设置会计账户的依据。

会计科目按其提供会计信息的详细程度不同，可分为总分类科目和明细分类科目。根据《企业会计准则——应用指南》的统一规定，并根据房地产开发企业的经营特点和会计核算的需要，房地产开发企业设置如下总分类会计科目，见表1-3。

表1-3　房地产开发企业会计科目表

序号	编号	会计科目名称	序号	编号	会计科目名称
		一、资产类	24	1502	持有至到期投资减值准备
1	1001	库存现金	25	1503	可供出售金融资产
2	1002	银行存款	26	1511	长期股权投资
3	1012	其他货币资金	27	1512	长期股权投资减值准备
4	1101	交易性金融资产	28	1521	投资性房地产
5	1121	应收票据	29	1522	投资性房地产累计折旧（摊销）
6	1122	应收账款	30	1523	投资性房地产减值准备
7	1123	预付账款	31	1531	长期应收款
8	1131	应收股利	32	1601	固定资产
9	1132	应收利息	33	1602	累计折旧
10	1221	其他应收款	34	1603	固定资产减值准备
11	1231	坏账准备	35	1604	在建工程
12	1401	材料采购	36	1605	工程物资
13	1402	在途物资	37	1606	固定资产清理
14	1403	原材料	38	1701	无形资产
15	1404	材料成本差异	39	1702	累计摊销
16	1405	开发产品	40	1703	无形资产减值准备
17	1406	分期收款开发产品	41	1711	商誉
18	1408	委托加工物资	42	1801	长期待摊费用
19	1409	周转房	43	1811	递延所得税资产
20	1412	包装物及低值易耗品	44	1901	待处理财产损溢
21	1461	融资租赁资产			二、负债类
22	1471	存货跌价准备	45	2001	短期借款
23	1501	持有至到期投资	46	2101	交易性金融负债

（续表）

序号	编号	会计科目名称	序号	编号	会计科目名称
47	2201	应付票据			四、成本类
48	2202	应付账款	66	5001	开发成本
49	2203	预收账款	67	5101	开发间接费用
50	2211	应付职工薪酬	68	5401	工程施工
51	2221	应交税费	69	5402	工程结算
52	2231	应付利息			五、损益类
53	2232	应付股利	70	6001	主营业务收入
54	2251	其他应付款	71	6051	其他业务收入
55	2401	递延收益	72	6101	公允价值变动损益
56	2501	长期借款	73	6111	投资收益
57	2502	应付债券	74	6301	营业外收入
58	2701	长期应付款	75	6401	主营业务成本
59	2801	预计负债	76	6402	其他业务成本
60	2901	递延所得税负债	77	6403	税金及附加
		三、所有者权益类	78	6601	销售费用
61	4001	实收资本	79	6602	管理费用
62	4002	资本公积	80	6603	财务费用
63	4101	盈余公积	81	6701	资产减值损失
64	4103	本年利润	82	6711	营业外支出
65	4104	利润分配	83	6801	所得税费用
			84	6901	以前年度损益调整

房地产开发企业在保证会计科目设置统一性的前提下，可以根据具体情况和核算的要求对统一规定的会计科目作必要的增设或合并。表 1-3 列示的房地产开发企业会计科目，其中大部分都是各个行业通用的会计科目，使用这些会计科目能够保证在会计科目设置上的统一性，只有“开发成本”、“开发间接费用”和“开发产品”等个别会计科目属于房地产开发企业专用的会计科目。

房地产开发企业的会计科目分资产类、负债类、所有者权益类、成本类、损益类五大类。在资产类会计科目中，“开发产品”、“周转房”是房地产开发企业特别设置的会计科目；在成本类会计科目中，“开发成本”、“开发间接费用”是房地产开发企业特有的会计科目，是用于进行房地产企业成本核算的科目；其他则属于各个行业通用的会计科目。

在设置总分类会计科目的基础上，房地产开发企业还需要根据会计核算和提供信息指标的要求，设置明细分类科目。如房地产开发企业在“应交税费”总分类科目下可设置“应交增值税”、“应交城市维护建设税”、“应交教育费附加”、“应交土地增值税”、“应交企业所得税”等二级明细分类科目，以对应交税费的不同税种分别进行核算和反映。

六、房地产开发企业的建账

会计账簿是会计中用于开设账户并登记具体经济业务的账簿，由一定格式且相互联结的账页组成。为了全面系统地进行会计核算，房地产开发企业需要设置以下四类账簿。具体的账簿种类见图 1-7。

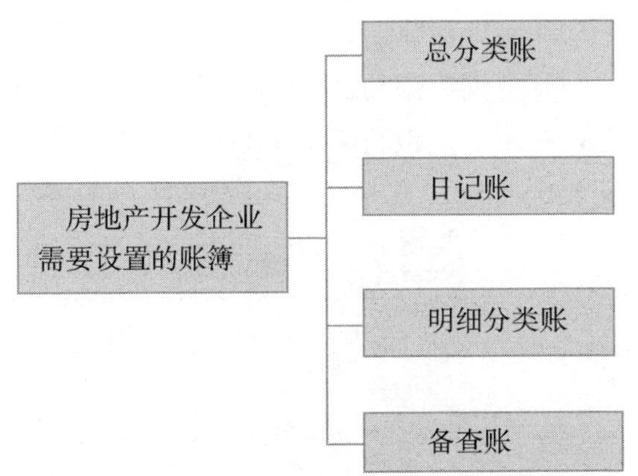

图 1-7　房地产开发企业需要设置的账簿

（一）总分类账

总分类账也称总账，是按总分类科目（一级会计科目）设置的，分类、连续地记录和反映经济业务总括情况的账簿。

总分类账一般为三栏式订本账。即账页上按照借贷记账法的要求记录金额的部分分为“借方”、“贷方”和“余额”三个栏目，分别登记账户的增减发生额及余额。具体账页格式见表1-4。

表1-4　会计科目名称或编号

年		凭证		摘　要	借方	贷方	借或贷	余额
月	日	字	号					

（二）日记账

日记账也称序时账，是按经济业务发生时间的顺序，逐日逐笔进行记录的一种账簿。房地产开发企业一般要设置“库存现金日记账”和“银行存款日记账”两种日记账。

“库存现金日记账”和“银行存款日记账”也必须采用订本式账簿，其账页格式一般为三栏式，“银行存款日记账”根据开户银行开设账页。格式见表1-5和表1-6。

表1-5　库存现金日记账

年		凭证		对方科目	摘　要	现金支票号码	借方	贷方	借或贷	余额
月	日	字	号							

表 1-6　银行存款日记账

开户行：

账号：

<table>
<tr><th colspan="2">年</th><th colspan="2">凭证</th><th rowspan="2">对方科目</th><th rowspan="2">摘　要</th><th colspan="2">支票</th><th rowspan="2">借方</th><th rowspan="2">贷方</th><th rowspan="2">借或贷</th><th rowspan="2">余额</th></tr>
<tr><th>月</th><th>日</th><th>字</th><th>号</th><th>种类</th><th>号码</th></tr>
<tr><td></td><td></td><td></td><td></td><td></td><td></td><td></td><td></td><td></td><td></td><td></td><td></td></tr>
<tr><td></td><td></td><td></td><td></td><td></td><td></td><td></td><td></td><td></td><td></td><td></td><td></td></tr>
<tr><td></td><td></td><td></td><td></td><td></td><td></td><td></td><td></td><td></td><td></td><td></td><td></td></tr>
<tr><td></td><td></td><td></td><td></td><td></td><td></td><td></td><td></td><td></td><td></td><td></td><td></td></tr>
</table>

（三）明细分类账

明细分类账也称明细账，是按照明细分类科目设置的，用来分类、连续地记录某一类经济业务详细程度的账簿。大部分总账科目都需要设置明细账。

明细账可以采用订本式，也可以采用活页式。为了便于增加账页或减少空白账页一般采用活页式账簿。账页格式有三栏式、数量金额式和多栏式。不同的明细科目其账页格式的要求也不相同。只反映金额的明细账可采用三栏式，如应付账款、其他应收款等往来账；反映实物类的明细账一般采用数量金额式，如原材料等；开发成本和各项费用的明细账采用多栏式，便于对各种不同的成本、费用项目分别进行记录和反映。

表 1-7 的明细账属于三栏式明细账。房地产开发企业采用三栏式明细账的会计科目较多，应交税费、应付职工薪酬、应收账款、其他应收款、预收账款、其他应付款等科目一般都采用三栏式明细账。

表 1-7　预收账款明细账

会计科目名称或编号：

<table>
<tr><th colspan="2">年</th><th colspan="2">凭证</th><th rowspan="2">摘　　要</th><th rowspan="2">借方</th><th rowspan="2">贷方</th><th rowspan="2">借或贷</th><th rowspan="2">余额</th></tr>
<tr><th>月</th><th>日</th><th>字</th><th>号</th></tr>
<tr><td></td><td></td><td></td><td></td><td></td><td></td><td></td><td></td><td></td></tr>
<tr><td></td><td></td><td></td><td></td><td></td><td></td><td></td><td></td><td></td></tr>
<tr><td></td><td></td><td></td><td></td><td></td><td></td><td></td><td></td><td></td></tr>
</table>

表1-8的明细账属于数量金额式明细账。数量金额式明细账既要反映金额，同时也要反映数量和单价。

表1-8　原材料明细账

计量单位：　　　材料名称：　　　规格：　　　材料编号：

<table>
<tr><th colspan="2">年</th><th colspan="2">凭证</th><th rowspan="2">摘要</th><th colspan="3">收　入</th><th colspan="3">发　出</th><th colspan="3">结　存</th></tr>
<tr><th>月</th><th>日</th><th>字</th><th>号</th><th>数量</th><th>单价</th><th>金额</th><th>数量</th><th>单价</th><th>金额</th><th>数量</th><th>单价</th><th>金额</th></tr>
<tr><td></td><td></td><td></td><td></td><td></td><td></td><td></td><td></td><td></td><td></td><td></td><td></td><td></td><td></td></tr>
<tr><td></td><td></td><td></td><td></td><td></td><td></td><td></td><td></td><td></td><td></td><td></td><td></td><td></td><td></td></tr>
<tr><td></td><td></td><td></td><td></td><td></td><td></td><td></td><td></td><td></td><td></td><td></td><td></td><td></td><td></td></tr>
<tr><td></td><td></td><td></td><td></td><td></td><td></td><td></td><td></td><td></td><td></td><td></td><td></td><td></td><td></td></tr>
<tr><td></td><td></td><td></td><td></td><td></td><td></td><td></td><td></td><td></td><td></td><td></td><td></td><td></td><td></td></tr>
<tr><td></td><td></td><td></td><td></td><td></td><td></td><td></td><td></td><td></td><td></td><td></td><td></td><td></td><td></td></tr>
</table>

表1-9、表1-10的明细账属于多栏式明细账，房地产开发企业的开发成本、开发间接费用、管理费用、销售费用、财务费用等科目一般采用多栏式明细账。

表1-9　房屋开发成本明细账

开发项目：

<table>
<tr><th colspan="2">年</th><th colspan="2">凭证</th><th rowspan="2">摘要</th><th rowspan="2">借方</th><th rowspan="2">贷方</th><th rowspan="2">余额</th><th colspan="6">借方明细项目</th></tr>
<tr><th>月</th><th>日</th><th>字</th><th>号</th><th>土地征用及拆迁补偿费</th><th>前期工程费</th><th>基础设施费</th><th>建筑安装工程费</th><th>公共配套设施费</th><th>开发间接费</th></tr>
<tr><td></td><td></td><td></td><td></td><td></td><td></td><td></td><td></td><td></td><td></td><td></td><td></td><td></td><td></td></tr>
<tr><td></td><td></td><td></td><td></td><td></td><td></td><td></td><td></td><td></td><td></td><td></td><td></td><td></td><td></td></tr>
<tr><td></td><td></td><td></td><td></td><td></td><td></td><td></td><td></td><td></td><td></td><td></td><td></td><td></td><td></td></tr>
<tr><td></td><td></td><td></td><td></td><td></td><td></td><td></td><td></td><td></td><td></td><td></td><td></td><td></td><td></td></tr>
<tr><td></td><td></td><td></td><td></td><td></td><td></td><td></td><td></td><td></td><td></td><td></td><td></td><td></td><td></td></tr>
<tr><td></td><td></td><td></td><td></td><td></td><td></td><td></td><td></td><td></td><td></td><td></td><td></td><td></td><td></td></tr>
</table>

表 1-10　开发间接费用明细账

开发项目：

年		凭证		摘要	借方	贷方	余额	借方明细项目					
月	日	字	号					人工费	折旧费	办公费	水电费	劳保费	其他

(四) 备查账

备查账也称辅助账或者备查簿，是对总账、明细账、日记账未能记载或记载不全的经济业务的有关情况进行补充登记的账簿。备查账不一定按照会计科目设置，与其他账户之间不存在严密的依存关系，记账也不一定遵循复式记账原则。

第三节　应纳税种及税率

目前，我国房地产开发企业涉及的应纳税种较多，主要有增值税、城建税、教育费附加、房产税、城镇土地使用税、耕地占用税、印花税、土地增值税和企业所得税，房地产开发企业开发经营各阶段应纳税种及税率见表 1-11。

表1-11　开发经营各阶段应纳税种及税率表

环　节	涉及主要税费	
企业设立阶段	印花税	1. 权利、许可证照。包括房屋产权证、工商营业执照、土地使用证，按件贴花5元； 2. 营业账簿。记载资金的账簿，按实收资本和资本公积的合计金额0.5‰贴花；其他账簿按件贴花5元； 3. 产权转移书据。包括土地使用权出让合同、土地使用权转让合同，按所记载金额0.5‰贴花
	契税	1. 接受以土地使用权等不动产出资。按照土地使用权出让、土地使用权出售、房屋买卖成交价格的3%～5%适用税率交纳契税； 2. 以自有房产作股投入本人独资经营的企业，免交契税
获取土地阶段	印花税	1. 权利、许可证照。包括房屋产权证、工商营业执照、土地使用证，按件贴花5元； 2. 产权转移书据。包括土地使用权出让合同、土地使用权转让合同，按所记载金额0.5‰贴花
	契税	取得土地使用权。按照国有土地使用权出让、土地使用权出售、房屋买卖成交价格的3%～5%适用税率交纳契税
	耕地占用税	取得土地使用权符合耕地条件的土地，按照实际占用耕地面积和适用税额一次性缴纳耕地占用税，不符合耕地条件的不纳税
开发建设阶段	城镇土地使用税	从取得红线图次月起，按实际占用的土地面积和定额税率计算缴纳
	印花税	签订的各类合同，按规定税率（0.05‰～1‰）计算贴花

（续表）

环　节	涉及主要税费	
转让及销售阶段	增值税	1. 转让及销售不动产：（1）一般纳税方法，应纳税额＝当期销项税额－当期进项税额，销项税额＝销售额×税率11%；（2）简易计税方法，应纳税额＝销售额×征收率5%，销售额＝含税销售额÷（1＋征收率5%）。 2. 出租不动产：（1）一般纳税方法，应纳税额＝当期销项税额－当期进项税额，销项税额＝销售额×税率11%；（2）简易计税方法，应纳税额＝销售额×征收率5%，销售额＝含税销售额÷（1＋征收率5%）
	城建税	按营业税税额7%（或5%、1%）缴纳。不动产所在地为市区的，税率为7%；不动产所在地为县、镇的，税率为5%；不动产所在地不在市区、县、镇的，税率为1%
	教育费附加	按增值税税额3%缴纳
	土地增值税	1. 查账征收。（1）在项目全部竣工结算前转让房地产取得的收入，可以预征土地增值税；（2）待该项目全部竣工、办理结算后再进行清算，多退少补。 2. 核定征收
	印花税	房地产转让或销售合同，按商品房销售合同所记载金额0.5‰缴纳
	企业所得税	1. 查账征收。（1）销售未完工开发产品取得的收入，按预计计税毛利率分季（或月）计算出预计毛利额，计入当期应纳税所得额。开发产品完工后，及时结算计税成本并计算此前销售收入的实际毛利额，同时将实际毛利额与对应的预计毛利额之间的差额，计入当年企业本项目与其他项目合并计算的应纳税所得额中。（2）销售完工开发产品，按照应纳税所得额25%的税率缴纳企业所得税。 2. 核定征收
房产持有阶段	城建税	按增值税税额7%（或5%、1%）缴纳
	教育费附加	按增值税税额3%缴纳
	城镇土地使用税	按土地实际占用面积和定额税率计算缴纳
	房产税	自用房产，按房产计税余值1.2%缴纳；房产出租的，按租金收入12%缴纳

第二章　企业设立和获取土地阶段

本章导读

设立房地产开发企业是从事房地产开发经营的前提，在企业设立阶段需要符合相关法律法规的规定。同时根据《城市房地产开发经营管理条例》的规定，房地产开发企业需要申请办理相应的房地产开发经营资质。获取土地使用权是房地产项目开发的首要条件，土地成本一般占商品房成本的30%左右，能否及时获取土地资源以及土地价格的变化都对房地产项目的开发有很大的影响。在设立阶段和获取土地阶段我们需要掌握以下内容：

（1）房地产开发企业的出资方式和会计处理；
（2）房地产开发企业的经营资质相关内容；
（3）获取土地的主要方式和相关制度；
（4）获取土地的纳税处理和会计处理。

第一节　企业设立阶段业务概述

一、房地产开发企业出资方式

根据《公司法》规定，投资者可以用货币出资，也可以用实物、知识产权、土地使用权等可以用货币估价并可以依法转让的非货币财产作价出资；根据《公司注册资本登记管理规定》，出资者不得以劳务、信用、自然人姓名、商誉、特许经营权或者设定担保的财产等作价出资。

不同形式的出资方式和相关规定见表2-1。

表2-1　不同形式的出资方式和相关规定

出资方式	相关规定
以货币出资	货币包括现金、银行存款和其他货币资金。根据《公司法》规定，全体股东的货币出资额不得低于有限责任公司注册资本的30%。 根据《中华人民共和国公司登记管理条例》和《公司注册资本登记管理规定》的规定，公司设立登记，股东或者发起人以货币出资的，应当将货币足额存入准备设立的公司在银行开设的账户
以非货币财产出资	非货币财产是指除货币以外的其他财产。根据《公司法》规定，对作为出资的非货币财产应当评估作价，核实财产，不得高估或者低估作价。法律、行政法规对评估作价有规定的，从其规定。 公司设立登记时，以实物、工业产权、非专利技术及土地使用权等非货币资产出资的，按照《公司法》规定，要先办理财产权转移手续才能验资，但因为设立时法律主体尚未产生，无法办理财产权转移手续，所以实践中一般是按分期出资的方式，先以货币资金出资成立公司，之后在短期内办理土地使用权等非货币资产财产权转移手续，然后再办理验资手续
其他出资方式	股东以货币、实物、知识产权及土地使用权以外的其他财产出资的，其登记办法由国家工商行政管理总局会同国务院有关部门规定，如股权出资，2009年1月14日国家工商行政管理总局颁布的《股权出资登记管理办法》对股权出资进行了明确的规定，自2009年3月1日起施行

二、房地产开发企业开发经营资质

根据《城市房地产开发经营管理条例》的规定，房地产开发主管部门应当根据房地产开发商的资产、专业技术人员和业内成就等，核定其资质等级申请。房地产开发企业应当按照核定的资质从事房地产开发项目。

（一）房地产开发企业的资质等级

根据2000年3月29日建设部颁布的《房地产开发企业资质管理规定》，房地产开发商应当按照资质管理规定申请核定企业资质登记，未取得房地产开发资质等级证书的企业，不得从事房地产开发经营业务。

房地产开发企业的资质分为一、二、三、四4个等级，资质等级实行分级审批。经资质审查合格的房地产开发企业，由资质核定部门颁发相应等级的资质证书。房地产开发企业资质的分级审核见图2-1。

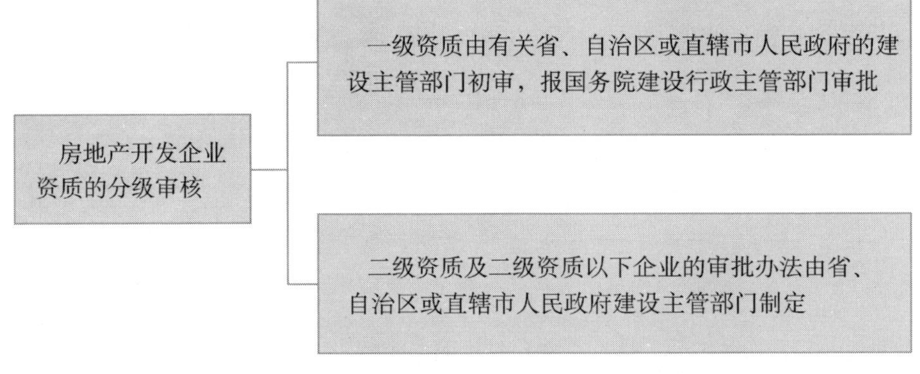

图2-1　房地产开发企业资质的分级审核

新设立的房地产开发企业向房地产开发主管部门备案后，房地产开发主管部门须于30日内向符合资格的房地产开发商核发《暂定资质证书》，自发证当日起有效期1年，房地产开发主管部门可视企业实际经营情况将有效期延长，但延长期限不超过2年。房地产开发企业应在暂定资质证书有效期届满前1个月内向房地产开发主管部门申请核定资质等级。房地产开发主管部门应根其开发经营业绩核定相应的资质等级。

（二）不同资质等级的经营范围

根据《房地产开发企业资质管理规定》，各资质等级的房地产开发企业仅可在核准的经营范围内从事房地产开发及销售业务，不得从事核准范围以外的业务。房地产企业的经营范围见表2-2。

表2-2　不同资质等级的经营范围

资质等级	经营范围
一级资质房地产开发企业	一级资质的房地产开发商不受房地产项目范围限制，可在全国范围承揽房地产开发项目
二级或以下资质开发企业	二级及以下资质的房地产开发商可承担建筑面积25万平方米以下的项目，承担业务的具体范围由省、自治区或市级人民政府的建设行政主管部门负责

（三）房地产开发商的资质年检

根据《房地产开发企业资质管理规定》，房地产开发企业的资质实行年检制度。年检的管辖机关，具体见表2-3。

表2-3　房地产开发商的资质年检

资质等级	资质年检
一级资质房地产开发企业	一级资质房地产开发企业的资质年检由国务院建设行政主管部门或其委托的机构负责
二级或以下资质开发企业	二级或以下资质开发企业的资质年检由省、自治区、直辖市人民政府的建设行政主管部门制定办法

第二节　企业设立阶段会计处理

房地产开发企业设立阶段涉及的会计业务主要包括接受投资者出资业务、开办费以及纳税业务的会计处理。

一、实收资本的核算

取得实收资本的会计核算和账务处理规定见表2-4。

表2-4 取得实收资本的会计核算及账务处理规定

实收资本的会计核算	账务处理
股份有限公司通过“股本”科目核算，除股份有限公司以外，其他各类企业应通过“实收资本”科目核算。企业收到所有者投入资本后，应根据有关原始凭证（如投资清单、银行通知单等），分别不同的出资方式进行会计处理	企业接受投资者投入的资本，应借记“银行存款”、“其他应收款”、“固定资产”、“无形资产”、“长期股权投资”等，按其在注册资本或股本中所占份额，贷记“实收资本”（股份公司贷记“股本”科目），按其差额，贷记“资本公积——资本溢价或股本溢价”

（一）投资者以货币出资

房地产开发企业增加注册资本，应在投资者将货币存入公司在银行开设的账户时，依据银行加盖受理章的现金缴款单或者银行进账单回单的金额，借记“银行存款”科目；按投资者在注册资本或股本中所占份额，贷记“实收资本”或“股本”科目，按其差额，贷记“资本公积——资本溢价”或“资本公积——股本溢价”科目。

【例2-1】 投资者以货币出资的会计核算（存在资本溢价）

东方房地产公司由甲、乙共同投资设立，原注册资本为10 000 000元。甲、乙出资分别为5 100 000元、4 900 000元。2×19年3月20日，丙公司加入东方房地产公司，投入货币资金3 000 000元，经协商，丙公司持股比例为20%，投资后的注册资本为13 000 000元。

根据上述资料，丙公司投入资本时，东方房地产公司应作以下账务处理。

借：银行存款　　3 000 000

　　贷：实收资本——丙公司　　2 600 000

　　　　资本公积——资本溢价　　400 000

【例 2-2】　投资者以货币出资的会计核算

甲、乙、丙共同投资设立 A 有限公司，注册资本为2 000 000元，甲、乙、丙持股比例分别为 60%，25% 和 15%。按照章程规定，甲、乙、丙投入资本分别为 1 200 000 元、500 000 元和 300 000 元。A 公司已如期收到各投资者一次缴足的款项。A 有限公司在接受投资时，应编制会计分录如下。

借：银行存款　　2 000 000

　　贷：实收资本——甲　　1 200 000

　　　　　　　　——乙　　500 000

　　　　　　　　——丙　　300 000

（二）投资者以非货币财产出资

很多情况下，投资者也可非货币的形式出资，具体见表 2-5。

表 2-5　非货币财产出资的相关规定

《公司法》规定	非货币资产投资		
	接受投入固定资产	接受实物投资	接受无形资产投资
股东可以用货币出资，也可以用实物、知识产权、土地使用权等可用货币估价并可依法转让的非货币财产作价出资；但是，法律、行政法规规定不得作为出资财产的除外。对作为出资的非货币财产应当评估作价，核实财产，不得高估或者低估作价。法律、行政法规对评估作价有规定的，从其规定。不论以何种方式出资，投资者如在投资过程中违反投资合约，不按规定如期缴足出资额，企业可以依法追究投资者的违约责任	接受投资者作价投入的房屋、建筑物、机器设备等固定资产，应按投资合同或协议约定价值确定固定资产价值（但投资合同或协议约定价值不公允的除外）	企业在接受股东或国家的原材料等实物投资时，应对这些实物的价值进行评估，按投资各方确认的价值作为入账价值	对于投资人投入的各种无形资产，如专利权、商标权、著作权、土地使用权、非专利技术等，一般情况下应以投资各方确认的价值作为入账价值

企业接受股东或者发起人以非货币财产投资时，应当在投资人依法办理财产转移手续后，依照财产移交清册，借记“固定资产”、“无形资产”、“长期股权投资”等科目，贷记“实收资本”或“股本”科目。

【例2-3】 投资者以非货币出资的会计核算（以固定资产出资）

东方地产有限公司于设立时收到乙公司作为资本投入的不需要安装的机器设备一台，合同约定该机器设备的价值为2 000 000元，增值税进项税额为260 000元（假设允许抵扣）。合同约定的固定资产价值与公允价值相符，不考虑其他因素，甲有限公司进行会计处理时，应编制会计分录如下：

借：固定资产　　2 000 000

　　应交税费——应交增值税（进项税额）　　260 000

　　贷：实收资本——乙公司　　2 260 000

本例中，该项固定资产合同约定的价值与公允价值相符，但是在实施“营改增”后，甲公司接受固定资产投资产生的相关增值税进项税额允许抵扣，需要在“应交税费——应交增值税（进项税额）”科目单独列示，因此，固定资产应按合同约定价值2 000 000元入账。

但在确认实收资本金额时，需要考虑到进项税额的问题，因此，按2 260 000元的金额贷记“实收资本”科目。

【例2-4】 投资者以非货币出资的会计核算（以原材料出资）

东方地产公司收到A公司按合资协议投入的原材料一批，双方确认的价值为200 000元，其中增值税为26 000元。利华公司编制会计分录如下：

借：原材料　　200 000

　　应交税费——应交增值税（进项税额）　　26 000

　　贷：实收资本　　226 000

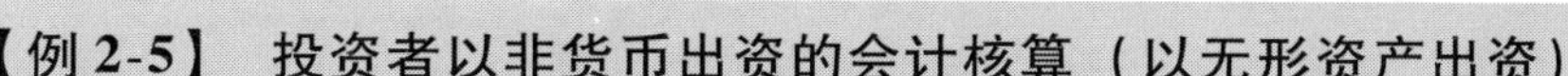

【例 2-5】　投资者以非货币出资的会计核算（以无形资产出资）

东方地产接受 C 公司以一项专利权作为投资，该项专利权经双方商定确认其价值为 100 000 元，增值税进项税额 6 000 元东方地产取得该项专利权时，编制会计分录如下：

借：无形资产——专利权　100 000

　　应交税费——应交增值税（进项税额）　6 000

　　贷：实收资本　10 600

（三）以债权出资

以债务转为资本方式进行债务重组的，应分以下情况处理：债务人为股份有限公司时，债务人应将债权人因放弃债权而享有股份的面值总额确认为股本，债务人若是其他企业，则确认为实收资本；股份的公允价值总额与股本之间的差额确认为资本公积。重组债务的账面价值与股份的公允价值总额之间的差额确认为债务重组利得，计入当期损益。

【例 2-6 】　投资者以债权出资的会计核算

2×19 年 7 月 1 日，东方公司应收 A 公司账款的账面余额为 60 000 元，由于 A 公司发生财务困难，无法偿付应付账款。经双方协商，同意采取将 A 公司所欠债务转为股本的方式进行债务重组，假定 A 公司普通股的面值为 1 元，A 公司以 20 000 股抵偿该项债务，股票每股市价为 2. 5 元。东方地产公司对该项应收账款计提了坏账准备 2 000 元。股票登记手续已办理完毕，东方地产公司对其作为长期股权投资处理。

股票的公允价值减去股票的面值总额，应计入资本公积 30 000 元（50 000 – 20 000），债务账面价值减去股票的公允价值应确认的债务重组利得 10 000 元（60 000 – 50 000），A 公司应作会计分录如下：

借：应付账款　60 000

　　贷：股本　20 000

　　　　资本公积——股本溢价　30 000

　　　　营业外收入——债务重组利得　10 000

（四）将资本公积转为实收资本或者股本

将资本公积转为实收资本或者股本，应借记“资本公积——资本溢价”或“资本公积——股本溢价”科目，贷记“实收资本”或“股本”科目。

【例 2-7】 将资本公积转为实收资本或者股本的会计核算

东方房地产公司由甲、乙、丙共同投资设立，原注册资本为 1 000 万元，甲、乙、丙出资分别为 500 万元、300 万元、200 万元。为了扩大经营规模，经批准，东方地产公司按照原出资比例将资本公积 500 万元转增资本。

根据上述资料，依据股东会决议，东方地产公司应作以下账务处理：

借：资本公积　　5 000 000
　　贷：实收资本——甲　　2 500 000
　　　　　　　　——乙　　1 500 000
　　　　　　　　——丙　　1 000 000

（五）将盈余公积转为实收资本

将盈余公积转为实收资本。在办理增资手续后，依据股东大会决议，应借记“盈余公积”科目，贷记“实收资本”或“股本”科目。

【例 2-8】 将盈余公积转为实收资本的会计核算

东方地产公司由甲、乙、丙共同投资设立，甲、乙、丙持股比例分别为 50%、30% 和 20%。2×19 年 3 月 20 日，经股东会决议批准，将盈余公积 500 万元转增资本。

根据上述资料，东方地产公司应作以下账务处理：

借：盈余公积　　5 000 000
　　贷：实收资本——甲　　2 500 000
　　　　　　　　——乙　　1 500 000
　　　　　　　　——丙　　1 000 000

（六）实收资本（或股本）的增减变动

一般情况下，企业的实收资本应相对固定不变，但某些特定情况下，实收资本也可能发生增减变化。实收资本（或股本）的增减变动介绍见表2-6。

表2-6 实收资本（或股本）的增减变动

企业法人登记管理条例的规定	实收资本（或股本）的增加	实收资本（或股本）的减少
除国家另有规定外，企业的注册资金应当与实收资本相一致，当实收资本比原注册资金增加或减少的幅度超过20%时，应持资金信用证明或者验资证明，向原登记主管机关申请变更登记。如擅自改变注册资本或抽逃资金，要受到工商行政管理部门的处罚	三个途径：接受投资者追加投资、资本公积转增资本和盈余公积转增资本 由于资本公积和盈余公积均属于所有者权益，用其转增资本时，如果是独资企业比较简单，直接结转即可。如果是股份公司或有限公司应该按照原投资者出资比例相应增加各投资者的出资额	企业减少实收资本应按法定程序报经批准，股份有限公司采用收购本公司股票方式减资的，按股票面值和注销股数计算的股票面值总额冲减股本，所注销库存股的账面余额与所冲减股本的差额冲减股本溢价，股本溢价不足冲减的，再冲减留存收益。如果购回股票支付的价款低于面值总额的，所注销库存股的账面余额与所冲减股本的差额作为增加股本溢价处理

【例2-9】 实收资本（或股本）的增减变动的会计核算（追加投资）

甲、乙、丙三人共同投资设立A有限公司，甲、乙、丙原来的持股比例分别是12.5%、50%、37.5%。为扩大经营规模，经股东会表决通过，甲、乙、丙三位股东按照原出资比例分别追加投资125 000元、500 000元和375 000元。A公司如期收到甲、乙、丙追加的现金投资后，进行了以下的账务处理：

借：银行存款　　1 000 000

　　贷：实收资本——甲　　125 000

　　　　　　　　——乙　　500 000

　　　　　　　　——丙　　375 000

【例2-10】 实收资本（或股本）的增减变动的会计核算（公司内部回购）

安居房地产开发企业公司2×18年8月1日发行的总股本为1亿股，面值为1元，资本公积（股本溢价）3 000万元，盈余公积4 000万元。经股东大会批准，安居房地产开发企业以现金在证券市场上回购本公司股票并计划予以注销。

(1) 当回购成本低于股票总面额时，增加资本公积的账务处理。

假定A公司按每股0.9元回购2 000万股股票，其他条件不变，A公司的会计处理如下：

①回购本公司股票时：

库存股成本=20 000 000×0.9=18 000 000（元）

借：库存股　　18 000 000

　　贷：银行存款　　18 000 000

②注销本公司股票时：

由于折价回购，回购股票总面额与库存股成本的差额200万元应作为增加资本公积处理。应增加的资本公积=20 000 000×1－20 000 000×0.9=2 000 000（元）

借：股本　　20 000 000

　　贷：库存股　　18 000 000

　　　　资本公积——股本溢价　　2 000 000

(2) 当回购成本高于股票总面额时，冲减资本公积的账务处理。

假定A公司按每股2.1元回购股票2 000万股，不考虑其他因素，A公司的会计处理如下：

①回购本公司股票时：

回购库存股的成本=20 000 000×2.1=42 000 000（元）

借：库存股　　42 000 000

　　贷：银行存款　　42 000 000

②注销本公司股票时：

应冲减的资本公积=20 000 000×2.1－20 000 000×1=22 000 000（元）

借：股本　　20 000 000

　　资本公积——股本溢价　　22 000 000

　　贷：库存股　　42 000 000

（3）当回购成本高于股票总面额时，需要冲减资本公积和盈余公积的账务处理。

假定A公司按每股3元回购股票，其他条件不变，由于应冲减的资本公积大于公司现有的资本公积，所以只能冲减资本公积3 000万元，剩余的1 000万元应冲减盈余公积。A公司的会计处理如下：

①回购本公司股票时：

库存股成本 = 20 000 000 × 3 = 60 000 000（元）

借：库存股　　60 000 000

　　贷：银行存款　　60 000 000

②注销本公司股票时：

应冲减的资本公积 = 20 000 000 × 3 − 20 000 000 × 1 = 40 000 000（元）

因为差额大于资本公积的全额，在冲减了全部的资本公积之后，还要冲减盈余公积。

借：股本　　20 000 000

　　资本公积——股本溢价　　30 000 000

　　盈余公积　　10 000 000

　　贷：库存股　　60 000 000

二、资本公积的核算

资本公积的概念和组成见表2-7。

表 2-7　资本公积的概念与组成

资本公积的定义	资本溢价（或股本溢价）的定义	直接计入所有者权益的利得和损失的定义	资本公积核算内容
企业收到投资者投入的超出其在企业注册资本（或股本）中所占份额的投资额，以及直接计入所有者权益的利得和损失等。资本公积包括资本溢价（或股本溢价）和直接计入所有者权益的利得和损失等	企业收到投资者投入的超出其在企业注册资本（或股本）中所占份额的投资额。形成资本溢价（或股本溢价）的原因有溢价发行股票、投资者超额缴入资本等	不计入当期损益、会导致所有者权益发生增减变动的、与所有者投入资本或者向所有者分配利润无关的利得或者损失	包括资本溢价（或股本溢价）的核算、其他资本公积的核算和资本公积转增资本的核算等内容

（一）资本溢价

除股份有限公司外的其他类型的企业，在企业创立时，投资者认缴的出资额一般与注册资本一致，不会产生资本溢价。但在企业重组或有新的投资者加入时，常常会出现资本溢价。因为在企业进行正常生产经营后，其资本利润率通常要高于企业初创阶段，另外，企业有内部积累，新投资者加入企业后，对这些积累也要分享，所以新加入的投资者往往要付出大于原投资者的出资额，才能取得与原投资者相同的出资比例。投资者多缴的部分就形成了资本溢价。

【例 2-11】　资本溢价的会计核算

安居房地产开发企业是由甲、乙两位股东在 2×18 年设立的，成立时各出资 300 000 元。2×19 年 5 月，丙投资者以实际出资 400 000 元、占有该公司 1/3 的股份为条件加入该公司。该公司变更登记后的注册资本为 900 000 元，甲、乙、丙三位股东各占 1/3 的股份。该公司收到丙股东的出资时，编制会计分录如下：

借：银行存款　　400 000

　　贷：实收资本　　300 000

　　　　资本公积——资本溢价　　100 000

本例中，安居房地产开发企业收到丙投资者现金 400 000 元中，300 000 元属于丙投资者在注册资本中所享有的份额，应计入“实收资本”科目，100 000 元属于资本溢价，应计入“资本公积——资本溢价”科目。

（二）股本溢价

股份有限公司是以发行股票的方式筹集股本的，股票可按面值发行，也可按溢价发行，我国目前不允许折价发行。与其他类型企业不同的是股份有限公司在成立时可能会溢价发行股票，因而会产生股本溢价。股本溢价的数额等于股份有限公司发行股票时实际收到的款项超过股票面值总额的部分。

在按面值发行股票时，企业发行股票取得的收入应全部作为股本处理；在溢价发行股票时，企业发行股票取得的超出股票面值的溢价收入作为股本溢价处理。

发行股票相关的手续费、佣金等交易费用，如果是溢价发行股票的，应从溢价收入中抵扣，冲减资本公积——股本溢价；不足抵扣的冲减留存收益。

【例 2-12】 股本溢价的会计核算

东方地产公司首次公开发行普遍股 50 000 000 股，每股面值 1 元，每股发行价格为 4 元。以银行存款支付发行手续费、咨询费等费用共计 6 000 000 元。假定发行收入已全部收到，发行费用已全部支付，不考虑其他因素，东方地产公司的会计处理如下：

（1）收到发行收入时：

应增加的资本公积 = 50 000 000 × (4 − 1) = 150 000 000（元）

借：银行存款　　200 000 000

　　贷：股本　　50 000 000

　　　　资本公积——股本溢价　　150 000 000

本例中，东方地产公司溢价发行普通股，发行收入中属于股票面值的部分 50 000 000 元应计入“股本”科目，发行收入超出股票面值的部分 150 000 000 元应计入“资本公积——股本溢价”科目。

（2）支付发行费用时：

借：资本公积——股本溢价　　6 000 000

　　贷：银行存款　　6 000 000

本例中，东方地产公司的股本溢价 150 000 000 元高于发行中发生的交易费用 6 000 000 元，因此，交易费用可从股本溢价中扣除，作为冲减资本公积处理。

三、开办费的核算

房地产开发企业在筹建期间内发生的开办费，包括人员工资、办公费、培训费、差旅费、印刷费、注册登记费以及不计入固定资产成本的借款费用等。筹建期为从企业开始筹建之日起至取得营业执照之日止。开办费在实际发生时，借记“长期待摊费用——开办费”，贷记“银行存款”等科目。

【例2-13】　开办费的会计核算

2×18年1月5日，鑫鑫房地产公司支付设立验资费用8 000元。

在验资费用实际发生时，鑫鑫房地产公司应依据银行转账凭证和验资发票作以下账务处理：

借：长期待摊费用——开办费　　8 000

　　贷：银行存款　　8 000

第三节　获取土地阶段

一、获取土地的主要方式

获取土地使用权是房地产项目开发的首要条件，土地成本一般占商品房成本的30%以上，能否及时获取相应的土地资源以及土地价格的变化都对房地产项目的开发有很大的影响。

目前我国的获取土地的主要方式有以下几种。

根据《城市房地产管理法》、《城市房地产开发经营管理条例》的规定，用于房地产开发的土地来源主要包括出让方式、划拨方式、转让方式、股东投资入股方式以及其他方式。具体内容见表2-8。

表2-8　获取土地的主要方式

获取土地的主要方式	含　义
以出让方式取得土地使用权	土地使用权出让是指国家将国有土地使用权在一定年限内让与土地使用者，并由土地使用者向国家支付土地使用权出让金的行为。城市规划区内的集体所有的土地，经依法征用转为国有土地后，该幅国有土地的使用权方可有偿出让。我国《城市房地产管理法》对土地使用权的出让方式、合同签订、价款支付和土地开发等方面作出了明确规定。2002年5月9日国土资源部颁布的《招标拍卖挂牌出让国有土地使用权规定》规定，商业、旅游、娱乐和商品住宅等各类经营性

（续表）

获取土地的主要方式	含　义
以出让方式取得土地使用权	用地，必须以招标、拍卖或者挂牌方式出让。2007 年 9 月 28 日国土资源部又颁布的《招标拍卖挂牌出让国有建设用地使用权规定》规定，工业、商业、旅游、娱乐和商品住宅等经营性用地以及同一宗地有两个以上意向用地者的，应当以招标、拍卖或者挂牌方式出让。这里的工业用地包括仓储用地，但不包括采矿用地。 招标出让国有土地使用权，是指市、县人民政府土地行政主管部门（以下简称出让人）发布招标公告，邀请特定或不特定的公民、法人和其他组织参加国有土地使用权投标，根据投标结果确定土地使用者的行为。 拍卖出让国有土地使用权，是指出让人发布拍卖公告，由竞买人在指定时间、地点进行公开竞价，根据出价结果确定土地使用者的行为。 挂牌出让国有土地使用权，是指出让人发布挂牌公告，按公告规定的期限将拟出让宗地的交易条件在指定的土地交易场所挂牌公布，接受竞买人的报价申请并更新挂牌价格，根据挂牌期限截止时的出价结果确定土地使用者的行为。 根据《城市房地产管理法》和《城镇国有土地使用权出让和转让暂行条例》的规定，土地使用权出让须由市、县人民政府土地管理部门与土地使用者签订出让合同。土地使用者必须按照出让合同约定，支付土地使用权出让金，未按照出让合同约定支付土地使用权出让金的，土地管理部门有权解除合同，并可以请求违约赔偿。以出让方式取得土地使用权进行房地产开发的，必须按照土地使用权出让合同约定的土地用途、动工开发期限开发土地。超过出让合同约定的动工开发日期满 1 年未动工开发的，可以征收相当于土地使用权出让金 20% 以下的土地闲置费；满 2 年未动工开发的，可以无偿收回土地使用权；但是，因不可抗力或者政府、政府有关部门的行为或者动工开发必需的前期工作造成动工开发迟延的除外。 改变土地使用用途，也称土地变性。土地使用者需要改变土地使用权出让合同约定的土地用途的，必须取得出让方和市、县人民政府城市规划行政主管部门的同意，签订土地使用权出让合同变更协议或者重新签订土地使用权出让合同，相应调整土地使用权出让金
以划拨方式取得土地使用权	土地使用权划拨是指县级以上人民政府依法批准，在土地使用者缴纳补偿、安置等费用后将该幅土地交付其使用，或者将土地使用

（续表）

获取土地的主要方式	含　义
以划拨方式取得土地使用权	权无偿交付给土地使用者使用的行为。以划拨方式取得土地使用权的，除法律、行政法规另有规定外，没有使用期限的限制。 下列建设用地的土地使用权，确属必需的，可以由县级以上人民政府依法批准划拨： 1. 国家机关用地和军事用地； 2. 城市基础设施用地和公益事业用地； 3. 国家重点扶持的能源、交通、水利等项目用地； 4. 法律、行政法规规定的其他用地。 如果要在划拨土地上进行房地产开发，也要补交土地出让金，将划拨土地转为出让土地，也就是常说的“土地变性”。 划拨土地使用权，一般不得转让、出租、抵押。符合下列条件的，经市、县人民政府土地管理部门和房产管理部门批准，其划拨土地使用权和地上建筑物、其他附着物所有权可以转让、出租和抵押： 1. 土地使用者为公司、企业、其他经济组织和个人； 2. 领有国有土地使用证； 3. 具有地上建筑物、其他附着物合法的产权证明； 4. 依照《城市房地产开发经营管理条例》的规定签订土地使用权出让合同，向当地市、县人民政府补交土地使用权出让金或者以转让、出租、抵押所获效益抵交土地使用权出让金。 转让、出租、抵押划拨土地使用权的，分别依照《城市房地产开发经营管理条例》的规定办理
以转让方式取得土地使用权	土地使用权转让是指土地使用者将土地使用权再转移的行为，包括出售、交换和赠与。土地使用权转让时，土地使用权出让合同和登记文件中所载明的权利、义务随之转移。土地使用者通过转让方式取得的土地使用权，其使用年限为土地使用权出让合同规定的使用年限减去原土地使用者已使用年限后的剩余年限。土地使用权转让时，其地上建筑物、附着物所有权随之转让。 根据《城市房地产管理法》规定，以出让方式取得土地使用权的，转让土地使用权应符合以下条件，否则不允许转让。 1. 按照出让合同约定已经支付全部土地使用权出让金，并取得土地使用权证书； 2. 按照出让合同约定进行投资开发，属于房屋建设工程的，完成

（续表）

获取土地的主要方式	含　义
以转让方式取得土地使用权	开发投资总额的25%以上，属于成片开发土地的，形成工业用地或者其他建设用地条件。 未按土地使用权出让合同规定的期限和条件投资开发、利用土地的，土地使用权不得转让。 土地使用权转让价格明显低于市场价格的，市、县人民政府有优先购买权。土地使用权转让的市场价格不合理上涨时，市、县人民政府可以采取必要的措施。土地使用权转让后，需要改变土地使用权出让合同规定的土地用途的，应当征得出让方同意并经土地管理部门和城市规划部门批准，依照《城市房地产管理法》的有关规定重新签订土地使用权出让合同，调整土地使用权出让金，并办理登记
投资者投入土地使用权	在房地产开发公司成立时，投资人以土地使用权作为出资，投入房地产开发企业，按照投资比例或约定比例进行利润分成
其他方式获取土地使用权	房地产开发企业可以通过收购、兼并等方式取得被收购方、被兼并方的企业，进而取得其土地使用权

二、我国有关土地的主要制度

（一）土地所有权与使用权制度

我国实行土地的社会主义公有制，即全民所有制和劳动群众集体所有制。城市市区的土地属于国家所有；农村和城市郊区的土地，除由法律规定属于国家所有的以外，属于农民集体所有；宅基地和自留地、自留山，属于农民集体所有。

国有土地和农民集体所有的土地，可以依法确定给单位或者个人使用。使用土地的单位和个人，有保护、管理和合理利用土地的义务。单位和个人依法使用的国有土地，由县级以上人民政府登记造册，核发证书，确认建设用地使用权；其中，中央国家机关使用的国有土地的具体登记发证机关由国务院确定。依法改变土地权属和用途的，应当办理土地变更登记手续。

（二）闲置土地处置制度

为依法处理和充分利用闲置土地，切实保护耕地，1999 年 4 月 28 日国土资源部颁布了《闲置土地处置办法》。

1. 闲置土地的定义

《闲置土地处置办法》所称闲置土地，是指土地使用者依法取得土地使用权后，未经原批准用地的人民政府同意，超过规定的期限未动工开发建设的建设用地。

2. 闲置土地的认定

（1）国有土地有偿使用合同或者建设用地批准书未规定动工开发建设日期，自国有土地有偿使用合同生效或者土地行政主管部门建设用地批准书颁发之日起满 1 年未动工开发建设的；（2）已动工开发建设但开发建设的面积占应动工开发建设总面积不足 1/3 或者已投资额占总投资额不足 25% 且未经批准中止开发建设连续满 1 年的；（3）法律及行政法规规定的其他情形。

市、县人民政府土地行政主管部门对其认定的闲置土地，应当通知土地使用者，拟订该宗闲置土地处置方案，闲置土地依法设立抵押权的，还应通知抵押权人参与处置方案的拟订工作。处置方案可以选择下列方式：（1）延长开发建设时间，但最长不得超过 1 年；（2）改变土地用途，办理有关手续后继续开发建设；（3）安排临时使用，待原项目开发建设条件具备后，重新批准开发，土地增值的，由政府收取增值地价；（4）政府为土地使用者置换其他等价闲置土地或者现有建设用地进行开发建设；（5）政府采取招标、拍卖等方式确定新的土地使用者，对原建设项目继续开发建设，并对原土地使用者给予补偿；（6）土地使用者与政府签订土地使用权交还协议等文书，将土地使用权交还给政府。原土地使用者需要使用土地时，政府应当依照土地使用权交还协议等文书的约定供应与其交还土地等价的土地。对因政府、政府有关部门行为造成的闲置土地，土地使用者支付部分土地有偿使用费或者征地费的，除选择上述规定的方式以外，可以按照实际交款额占应交款额的比例折算，确定相应土地给原土地使用者使用，其余部分由政府收回。处置方案经原批准用地的人民政府批准后，由市或县人民政府土地行政主管部门组织实施。

在城市规划区范围内，以出让等有偿使用方式取得土地使用权进行房地产开发的闲置土地，超过出让合同约定的动工开发日期满 1 年未动工开发的，可以征收相当于土地使用权出让金 20% 以下的土地闲置费；满 2 年未动工开发的，可以无偿收回土地使用权；但是，因不可抗力或者政府、政府有关部门的行为或者动工开发必需的前期工作造成动工开发迟延的除外。

已经办理审批手续的非农业建设占用耕地，1 年内不用而又可以耕种并收获的，应当由原耕种该幅耕地的集体或者个人恢复耕种，也可以由用地单位组织耕种；1 年以上未动工建设的，应当按照省、自治区、直辖市的规定缴纳闲置费；连续 2 年未使用的，经原批准机关批准，由县级以上人民政府无偿收回土地使用者的土地使用权；该幅土地原为农民集体所有的，应当交由原农村集体经济组织恢复耕种。

（三）终止土地使用权

根据《土地管理法》规定，有下列情形之一的，由有关人民政府土地行政主管部门报经原批准用地的人民政府或者有批准权的人民政府批准，可以收回国有土地使用权：（1）为公共利益需要使用土地的；（2）为实施城市规划进行旧城区改建，需要调整使用土地的；（3）土地出让等有偿使用合同约定的使用期限届满，土地使用者未申请续期或者申请续期未获批准的；（4）因单位撤销、迁移等原因，停止使用原划拨的国有土地的；（5）公路、铁路、机场、矿场等经核准报废的。

依照上述前两项的规定收回国有土地使用权的，对土地使用权人应当给予适当补偿。

出让的土地由于其用途不同，土地的使用期限也不相同，主要分为居住用地 70 年，工业用地 50 年，商业用地 40 年等。土地使用权出让最高年限由国务院规定。根据相关法律法规，当用作住宅用途的建筑土地使用权的年期届满，应自动更新；有关其他用途的建筑土地使用权到期，土地使用者应于使用期届满前最少 1 年申请延期，除非土地因公众利益考虑而需收回外，申请应被批准。当延期获得批准，必须重新签署土地出让合同及支付按重新签署土地出让合同所示的土地出让金。如果土地使用权年期届满而土地使用者并无申请延期或延期不获批准，土地使用权应免费归还国家。而土地使用权应于土地停止使用时中止。当建筑土地使用权已终止，授予者应实时进行取消注册的正式手续，而建筑土地使用权证应由土地注册处取回。

三、获取土地阶段纳税处理

在取得土地使用权阶段，涉及的主要纳税税种为契税、印花税，如果获取的土地为耕地的还涉及耕地占用税，在取得土地使用权后，将会涉及土地使用税。另外，如果以接受投资取得的土地使用权，将涉及企业所得税的计税成本和土地增值税的扣除项目确定问题。

（一）契税

房地产开发企业取得土地使用权，根据《中华人民共和国契税暂行条例》及其相关规定，需要依据国有土地使用权出让、土地使用权出售成交价格的3% ~5%适用税率交纳契税。以自有房产作股投入本人独资经营的企业，免交契税。具体的税率见表2-9。

表2-9　契税的相关规定

事　　项	具体要求
契税税率	考虑到我国经济发展不平衡，各地经济差别较大的实际情况，契税实行3% ~5%的幅度税率。契税的适用税率，由当地省级人民政府在前款规定的幅度内按照本地区的实际情况确定，并报财政部和国家税务总局备案
契税应纳税额的计算	应纳税额=计税依据×适用税率
契税的征收管理	签订土地权属转移合同的当天，或者取得其他具有土地权属转移合同性质凭证的当天为纳税义务发生时间，自纳税义务发生之日起10日内，向土地所在地的契税征收机关办理纳税申报，并在契税征收机关核定的期限内缴纳税款
以国家作价出资（入股）方式转移国有土地使用权	根据《中华人民共和国契税暂行条例》第二条第一款规定，国有土地使用权出让属于契税的征收范围

（续表）

事项	具体要求
改变土地使用权出让合同约定的土地用途涉及的契税问题	有些房地产开发企业，在取得土地阶段，还可能涉及改变土地使用权出让合同约定的土地用途的应纳契税问题。根据《国家税务总局关于改变国有土地使用权出让方式征收契税的批复》（国税函［2008］662号）的规定，对纳税人因改变土地用途而签订土地使用权出让合同变更协议或者重新签订土地使用权出让合同的，应征收契税。计税依据为因改变土地用途应补缴的土地收益金及应补缴政府的其他费用

【例2-14】 契税的计算（外部投入土地使用权）

2×19年6月20日，甲公司以账面价值为1 000万元、评估确认价值为1 200万元的土地使用权对鑫鑫房地产公司进行投资入股，当地人民政府规定契税税率为4%。

鑫鑫房地产公司应于6月30日前向土地所在地的契税征收机关办理纳税申报，并在核定的期限内缴纳税款。契税的计税依据为甲公司投资入股评估确认价值1 200万元，鑫鑫房地产公司在接受投资时应缴纳契税为：1 200×4% =48（万元）。

【例2-15】 契税的计算（公司内部购入土地使用权）

鑫鑫房地产公司2×18年12月摘牌取得某市200亩综合用地的土地使用权，每亩地价30万元，该公司按照规定缴纳了契税。2×16年7月该市修改城市规划，调整城市支路，使该宗土地使用权的性质变为住宅用地，该公司按照要求对该宗地进行评估，按住宅用地评估后地价为11 000万元，按综合用地评估后地价为9 000万元，该公司根据土地评估机构的评估结果补交了2 000万元的土地出让金。该市契税征收率为4%，鑫鑫房地产公司应补缴的契税为：（11 000 -9 000）×4% =80（万元）。

（二）印花税

根据《财政部国家税务总局关于印花税若干政策的通知》（财税［2006］162号）的规定，对土地使用权出让合同、土地使用权转让合同按产权转移书据征收印花税，按合同记载金额的0.5‰贴花。取得房产证及土地使用权证等权利许可证照按件贴花，每件5元。

【例2-16】　印花税的计算

2×19年1月，鑫鑫房地产公司通过竞标取得土地使用权100亩，地价为6 000万元，3月取得该块土地的土地使用证。鑫鑫房地产公司应纳印花税额为：

（1）签订土地使用权出让合同应纳印花税额为6 000×0.5‰=3（万元）。

（2）取得土地使用证应纳税额为5元。

（三）耕地占用税

房地产开发企业获取土地使用权，根据《中华人民共和国耕地占用税法》（2019年9月1日起施行）的规定，获取的土地符合耕地条件的需依据实际占用耕地面积，按照规定的适用税额一次性缴纳耕地占用税，不符合耕地条件的不必缴纳耕地占用税。耕地占用税中“耕地”是指用于种植农作物的土地，占用前3年内曾用于种植农作物的土地，也视为耕地。耕地占用税的具体规定见表2-10。

表2-10　耕地占用税的相关规定

事　项	具体要求
征税范围	占用耕地建房或者从事非农业建设、占用园地、林地、牧草地、农田水利用地、养殖水面以及渔业水域滩涂等其他农用地建房或者从事非农业建设的单位或者个人，都是耕地占用税的纳税人，应当缴纳耕地占用税。经申请批准占用耕地的，纳税人为农用地转用审批文件中标明的建设用地人；农用地转用审批文件中未标明建设用地人的，纳税人为用地申请人。未经批准占用耕地的，纳税人为实际用地人
计税依据	耕地占用税以纳税人实际占用的耕地面积为计税依据，按照规定的适用税额一次性征收。实际占用的耕地面积，包括经批准占用的耕地面积和未经批准占用的耕地面积

（续表）

事　项	具体要求
税额	（1）人均耕地不超过1亩的地区（以县级行政区域为单位，下同），每平方米为10～50元； （2）人均耕地超过1亩但不超过2亩的地区，每平方米为8～40元； （3）人均耕地超过2亩但不超过3亩的地区，每平方米为6～30元； （4）人均耕地超过3亩的地区，每平方米为5～25元
应纳税额的计算	应纳税额＝计税依据×税额＝实际占用的耕地面积×税额
耕地占用税的征收管理	（1）纳税义务发生时间：经批准占用耕地的，耕地占用税纳税义务发生时间为纳税人收到土地管理部门办理占用农用地手续通知的当天。 未经批准占用耕地的，耕地占用税纳税义务发生时间为纳税人实际占用耕地的当天。 （2）纳税期限：土地管理部门在通知单位或者个人办理占用耕地手续时，应当同时通知耕地所在地同级地方税务机关。获准占用耕地的单位或者个人应当在收到土地管理部门的通知之日起30日内缴纳耕地占用税。土地管理部门凭耕地占用税完税凭证或者免税凭证和其他有关文件发放建设用地批准书。 （3）纳税地点：纳税人占用耕地或其他农用地，应当在耕地或其他农用地所在地地方税务机关申报纳税

国务院财政、税务主管部门根据人均耕地面积和经济发展情况确定各省、自治区、直辖市的平均税额。具体的税额见表2-11。

表2-11　各省、自治区、直辖市耕地占用税平均税额表

地　区	每平方米平均税额（元）
上海	45
北京	40
天津	35
江苏、浙江、福建、广东	30
辽宁、湖北、湖南	25
河北、安徽、江西、山东、河南、重庆、四川	22.5
广西、海南、贵州、云南、陕西	20
山西、吉林、黑龙江	17.5
内蒙古、西藏、甘肃、青海、宁夏、新疆	12.5

【例 2-17】　耕地占用税的计算

鑫鑫房地产公司经土地管理部门批准征用耕地 200 000 平方米用于房地产开发。当地政府规定的耕地占用税税额为 22.5 元/平方米。则鑫鑫房地产公司应缴纳的耕地占用税为：200 000×22.5＝4 500 000（元）。

（四）城镇土地使用税

房地产开发企业取得的土地使用权，根据《国务院关于修改〈中华人民共和国城镇土地使用税暂行条例〉的决定》（2006 年 12 月 31 日国务院令第 483 号）的规定，取得土地使用权后需要以实际占用的土地面积为计税依据，按照税法规定的差别幅度税额计算缴纳城镇土地使用税。具体的要求见表 2-12。

表 2-12　城镇土地使用税的相关规定

事　　项	具体规定
差别幅度税额	城镇土地使用税采用定额税率，即采用有幅度的差别税额，按大、中、小城市和县城、建制镇、工矿区分别规定每平方米土地使用税年应纳税额
应纳税额的计算	城镇土地使用税的应纳税额可以通过纳税人实际占用的土地面积乘以该土地所在地段的适用税额求得，其计算公式为： 全年应纳税额＝实际占用土地面积（平方米）×适用税额
纳税期限及纳税义务发生时间	按年计算、分期缴纳的征收方法，具体纳税期限由各省、自治区、直辖市人民政府确定。 以出让或转让方式有偿取得土地使用权的，应由受让方从合同约定交付土地时间的次月起缴纳城镇土地使用税，合同未约定交付土地时间的，由受让方从合同签订的次月起缴纳城镇土地使用税。房地产开发企业新征用的耕地，自批准征用之日起满 1 年时开始缴纳土地使用税；新征用的非耕地，自批准征用的次月起开始缴纳土地使用税。 根据《国家税务总局关于对已缴纳土地使用金的土地使用者应征收城镇土地使用税的批复》（国税函［1998］669 号）的规定，土地使用者不论以何种方式取得土地使用权，是否缴纳土地使用金，只要在城镇土地使用税的开征范围内，都应依照规定缴纳城镇土地使用税

（续表）

事　　项	具体规定
纳税地点和征收机构	城镇土地使用税由土地所在地的地方税务机关征收；城镇土地使用税在土地所在地缴纳，纳税人使用的土地不属于同一省、自治区、直辖市管辖的，应分别向土地所在地的税务机关缴纳土地使用税。在同一省、自治区、直辖市管辖范围内，纳税人跨地区使用的土地，其纳税地点由各省、自治区、直辖市地方税务局确定
税收优惠	房地产开发企业建造商品房的用地，原则上应按规定计征城镇土地使用税。但在商品房出售之前确有困难的，其用地是否给予缓征或减征、免征照顾，可由各省、自治区、直辖市地方税务局根据从严的原则结合具体情况确定。 房地产开发企业办的学校、医院、托儿所以及幼儿园，其用地能与企业其他用地明确区分的，免征城镇土地使用税。市政街道、广场、绿化地带等公共用地，免征土地使用税

城镇土地使用税税率见表2-13。

表2-13　城镇土地使用税税率表

级　　别	人口（人）	每平方米税额（元）
大城市	50万以上	1.5～30
中等城市	20～50万	1.2～24
小城市	20万以下	0.9～18
县城、建制镇、工矿区	—	0.6～12

【例2-18】　城镇土地使用税的计算

鑫鑫房地产公司拥有一宗50万平方米的土地使用权，其中市政道路及绿化带用地8万平方米，此块土地中规划一所学校占地2万平方米，已完成销售商品房占用土地20万平方米，该地城镇土地使用税税额为5元/平方米，按季缴纳。

涉税分析：根据税法规定，房地产开发企业开办的学校用地能与企业其他用地明确区分的，免征城镇土地使用税。市政街道、绿化地带等公共用地，免征土地使用税。对已经完成销售的商品房占用的土地，因相关的土地使用权已经不再归属于房地产开发企业所有，因此在计算土地使用税时需要将其相应的土地面积从房地产开发企业的计税面积中扣除，我们可以参照北京市地税局《关于房地产开发企业开发用地征收城镇土地使用税有关问题的通知》（京地税地［2005］550号）规定的“房地产开发企业已销售房屋的占地面积，可从房地产开发企业的计税面积中扣除”。已销售房屋的占地面积计算公式：已销售房屋的占地面积=(已销售房屋的建筑面积÷开发项目房屋总建筑面积)×总占地面积。对于可以扣除已销售房屋的具体时点税法并无明确的规定，一般自承购人获取商品房权属证书后对该土地计税面积进行扣除。根据以上分析，鑫鑫房地产公司应纳土地使用税额计算方法如下：

应缴纳城镇土地使用税的土地面积=50－8－2－20=20（万平方米）；

年度应纳税额=20×5=100（万元）；

每季度应纳税额=100÷4=25（万元）。

（五）接受土地使用权出资的涉税问题

接受投资取得的土地使用权，因被投资企业并未取得土地使用权转让发票，则在其将来商品房完工销售后，将涉及企业所得税计税成本和土地增值税扣除项目金额的确定问题。

1. 企业所得税

被投资企业接受的土地使用权出资，可按评估价值确认资产成本。即如果投资企业已经按照税法规定确认投资环节应纳税所得额，土地使用权的增值部分在税收上已经得到实现，那么被投资企业可以凭评估报告作为税前扣除的依据。有的地方税务机关还要求开发企业提供投资企业主管税务机关出具的投资企业已调增应纳税所得额证明，以此作为税前扣除的依据。

2. 土地增值税

凡所投资、联营的企业从事房地产开发的，或者房地产开发企业以其建造的商品房进行投资和联营的，均不适用《财政部、国家税务总局关于土地增值税一些具体问题规定的通知》（财税字［1995］48号）第一条暂免征收土地增值税的规定，财税［2006］21号自2006年3月2日起执行。

关于房地产企业上述土地增值税的扣除问题，在实务中曾有两种不同观点：一种观点认为与企业所得税一样，依其评估价值即被投资企业的入账价值作为扣除项目金额，但出资环节并未计征过土地增值税，故这个观点税务机关一般难以认同；二是依投资方企业土地使用权的取得成本来作扣除项目金额，但这种观点会带来征管上的不便。在《财政部国家税务总局关于土地增值税若干问题的通知》（财税［2006］21号）出台后，因以上两种观点均不适用暂免征收土地增值税的规定，所以扣除金额将容易确定。在当前的征管实务中，多数地方税务机关的要求是：被投资方企业的土地使用权成本可以计入扣除项目金额，并可作加计20%扣除的基数，但需纳税人提供支持性证明材料，如出资协议、该宗地的评估报告、验资报告、出资方以该幅地出资环节已经接受土地增值税税务管理的证明等。

四、获取土地阶段会计处理

房地产开发企业取得土地使用权，根据土地使用权的取得方式和持有目的不同设置不同的会计账户，进行不同的账务处理。

（一）获取土地使用权的确认

房地产开发企业取得土地使用权的方式一般有出让取得的土地使用权、转让取得的土地使用权、投资者投入的土地使用权以及其他方式，房地产开发企业较少有无偿划拨取得土地使用权的情况。取得土地使用权的入账问题见表2-14。

表 2-14 不同方式下取得土地使用权的入账价值

取得方式	入账价值的确认
通过出让取得的土地使用权	通过出让方式取得土地使用权的入账价值通常是土地出让金加上相关税费，如果还发生了与取得该土地有关的费用，如缴纳的行政事业性收费、征地补偿费等，应一并计入土地取得成本。在城市行政区域内的开发项目，除实行有偿出让方式取得国有土地使用权且地价款中含基础设施配套费的项目之外，房地产开发企业应按规定缴纳城市基础设施费，城市基础设施费的征收基数，以批准的年度投资计划的建筑面积（包括地下建筑面积）为准。相关税费是指取得土地使用权时涉及的契税、印花税，取得土地为耕地的，还涉及耕地占用税
通过转让取得的土地使用权	通过土地使用权转让取得土地使用权的成本，包括购买价款、其他行政事业性收费和其他税费等。如果接受转让的土地为无偿划拨取得且约定由受让方办理出让手续及补交土地出让金的，土地使用权的成本应包括按照相关规定补交土地出让金及相关税费。如果受让土地原来属于出让土地，土地使用权的成本包括支付的转让费和相关税费
投资者投入的土地使用权	投资者投入的土地使用权，应当按照投资合同或协议约定的价值作为成本，但合同或协议约定价值不公允的除外
其他方式取得的土地使用权	房地产开发企业合并取得的土地使用权的成本，应当按照《企业会计准则第 20 号——企业合并》确定，非货币性资产交换取得的土地使用权的成本，应当按照《企业会计准则第 7 号——非货币性资产交换》确定，债务重组取得的土地使用权的成本，应当按照《企业会计准则第 12 号——债务重组》确定，政府补助取得的土地使用权的成本，应当按照《企业会计准则第 16 号——政府补助》确定

（二）获取土地使用权的会计处理

土地使用权因其用途不同具有不同的会计处理方法，见表 2-15。

表 2-15　不同用途下的土地使用权的会计处理

用途分类	会计处理
房地产开发企业取得的土地使用权	根据《企业会计准则第 6 号——无形资产》应用指南的规定，通常应确认为无形资产
改变土地使用权用途，用于赚取租金的	转为投资性房地产
取得土地使用权用于建造对外出售的房屋建筑物	相关的土地使用权账面价值应当计入所建造房屋建筑物的成本
取得土地使用权缴纳的相关增值税，契税、印花税及耕地占用税	对于房地产企业通过国有土地使用权出让的方式取得的土地使用权，不涉及缴纳增值税的问题；而通过土地市场转让所取得的土地使用权，则需要按照转让不动产缴纳增值税，所缴纳的增值税一般不计入土地成本，需要在“应交税费——应交增值税（销项税额）”单独列示，在计算企业应交增值税时，从销项税额中抵扣契税、耕地占用税要视取得土地使用权的用途计入不同的会计账户，印花税直接计入“管理费用”核算

1. 用于土地开发的土地使用权

房地产开发企业如果取得的土地使用权用于土地开发的，应将土地使用权的取得成本计入“开发成本”中，即借记“开发成本——土地开发”和“应交税费——应交增值税（进项税额）”账户，贷记“银行存款”、“应付账款”等账户，所缴纳的印花税直接计入“管理费用”账户核算。

【例 2-19】　用于土地开发的土地使用权的会计核算

鑫鑫房地产公司通过投标方式取得土地使用权 100 亩用于开发商品性土地总价款 5 000 万元，单价 50 万元/亩，契税征收率为 4%，当地政府规定的耕地占用税税额为 22.5 元/平方米，通过银行转账支付土地出让金及相关税费（1 亩 =666.67 平方米）。

（1）支付土地出让金时，依据财政部门开具的土地使用权出让金专用票据和银行转款手续，东方房地产公司应进行的会计处理为：

借：开发成本——土地开发——土地征用及拆迁补偿费

50 000 000

贷：银行存款　　50 000 000

（2）应缴纳的契税为：

5 000×4% =200（万元）

依据耕地占用税完税凭证和付款证明，鑫鑫房地产公司应进行的会计处理为：

借：开发成本——土地开发——土地征用及拆迁补偿费　　2 000 000

　　贷：银行存款　　2 000 000

（3）应缴纳的耕地占用税为：

100×666.67×22.5 =150（万元）

依据耕地占用税完税凭证和付款证明，鑫鑫房地产公司应进行的会计处理为：

借：开发成本——土地开发　　1 500 000

　　贷：银行存款　　1 500 000

（4）签订土地使用权出让合同，应缴纳的印花税为：

5 000×0.5‰ =2.5（万元）

缴纳印花税时，依据印花税完税凭证和付款证明，鑫鑫房地产公司应进行的会计处理为：

借：管理费用——印花税　　25 000

　　贷：银行存款　　25 000

2. 用于商品房开发的土地使用权

根据企业会计准则，房地产开发企业取得的土地使用权用于建造对外出售的房屋建筑物，相关的土地使用权应当计入所建造的房屋建筑物成本，即借记“开发成本——房屋开发”科目，贷记“银行存款”、“应付账款”等。取得的土地使用权所缴纳的印花税直接计入“管理费用”核算。

【例 2-20】　用于商品房开发的土地使用权的会计核算

2×19 年 6 月，东方房地产公司取得 85 亩的土地使用权用于商品房开发，价款 2 500 万元，契税征收率为 4%，当地政府规定的耕地占用税税额为 22.5 元/平方米，通过银行转账支付土地出让金及相关税费（1 亩 =666.67 平方米）。

（1）支付土地出让金时，依据财政部门开具的土地使用权出让金专用票据和银行转款手续，东方房地产公司应进行的会计处理为：

借：开发成本——房屋开发——土地征用及拆迁补偿费 25 000 000

贷：银行存款 25 000 000

（2）应缴纳的契税为：

2 500 × 4% = 100（万元）

依据契税完税凭证和付款证明，东方房地产公司应进行的会计处理为：

借：开发成本——房屋开发——土地征用及拆迁补偿费 1 000 000

贷：银行存款 1 000 000

（3）应缴纳的耕地占用税为：

85 × 666.67 × 22.5 = 127.5（万元）

依据耕地占用税完税凭证和付款证明，东方房地产公司应进行的会计处理为：

借：开发成本——土地开发 1 275 000

贷：银行存款 1 275 000

（4）签订土地使用权出让合同，应缴纳的印花税为：

2 500 × 0.5‰ = 1.25（万元）

缴纳印花税时，依据印花税完税凭证和付款证明，东方房地产公司应进行的会计处理为：

借：管理费用——印花税 12 500

贷：银行存款 12 500

3. 自建用房的土地使用权

房地产开发企业取得的土地使用权用于自建用房等地上建筑物时，土地使用权的取得成本直接计入“无形资产”账户，且土地使用权的账面价值不与地上建筑物合并计算成本，而仍作为无形资产进行核算，土地使用权与地上建筑物分别进行摊销和提取折旧。为建造办公楼等自用而取得的土地使用权所缴纳的契税，计入“无形资产”账户。

【例2-21】　自建用房的土地使用权的会计核算

2×19年3月12日，东方房地产公司以出让方式取得一块土地使用权，以银行存款转账支付500万元，并在该块土地上自行建造两栋办公楼自用，发生建筑工程支出1 100万元。两栋办公楼已经完工并达到预定可使用状态。假定土地使用权的使用年限为50年，无净残值；写字楼的使用年限为25年，预计净残值100万元；都采用直接法进行摊销和计提折旧。契税的征收率为4%。

（1）支付土地出让金时，依据财政部门开具的土地使用权出让金专用票据和银行转款手续，进行的会计处理为：

借：无形资产——土地使用权　　　　5 000 000

　　贷：银行存款　　　　5 000 000

（2）应缴纳的契税为：

500×4%＝20（万元）

依据契税完税凭证和付款证明，进行的会计处理为：

借：无形资产——土地使用权　　　　200 000

　　贷：银行存款　　　　200 000

（3）签订土地使用权出让合同，应缴纳的印花税为：

500×0.5‰＝0.25（万元）

缴纳印花税时，依据印花税完税凭证和付款证明，进行的会计处理为：

借：管理费用——印花税　　　　2 500

　　贷：银行存款　　　　2 500

（4）在土地上自行建造办公楼，发生建造费用时，根据付款凭证、税务部门监制的发票或财政部门监制的收据，进行的会计处理为：

借：在建工程　　　　11 000 000

　　贷：应付账款等　　　　11 000 000

（5）办公楼达到预定可使用状态，进行的会计处理为：

借：固定资产——办公楼　　　　11 000 000

　　贷：在建工程　　　　11 000 000

（6）每年分摊土地使用权和对办公楼计提折旧进行的会计处理为：

借：管理费用　　504 000

　　贷：累计折旧　　400 000

　　　　累计摊销　　104 000

4. 暂时没有确定使用用途的土地使用权

如果取得的土地暂时没有确定使用用途，计入“无形资产——土地使用权”账户。

【例 2-22】　暂时没有确认使用用途的土地使用权的会计核算

2×18 年 8 月，东方房地产公司取得 300 亩的土地使用权暂时没有确定使用用途，价款 4 500 万元，契税征收率为 4%，征用土地在征用前属于城市用地，通过银行转账支付土地出让金及相关税费。

（1）支付土地出让金时，依据财政部门开具的土地使用权出让金专用票据和银行转账手续，进行的会计处理为：

借：无形资产——土地使用权　　45 000 000

　　贷：银行存款　　45 000 000

（2）应缴纳的契税为：

4 500×4% =180（万元）

依据契税完税凭证和付款证明，进行的会计处理为：

借：无形资产——土地使用权　　1 800 000

　　贷：银行存款　　1 800 000

（3）签订土地使用权出让合同，应缴纳的印花税为：

4 500×0. 5‰ =2. 25（万元）

缴纳印花税时，依据印花税完税凭证和付款证明，进行的会计处理为：

借：管理费用——印花税　　22 500

　　贷：银行存款　　22 500

5. 用于赚取租金的土地使用权

企业改变土地使用权的用途，将其用于对外出租时，应将其转为投资性房地产。

【例 2-23】 用于赚取租金的土地使用权的会计核算

东方房地产公司 2×18 年 10 月取得土地使用权 9 000 万元（含税费）用于房地产开发。现已完成土地开发，土地开发成本 800 万元。因房地产市场萎缩，公司准备减缓房地产开发，将已开发完成的土地用于出租。2×19 年 2 月 1 日与甲公司签订了经营租赁合同，将这块土地出租给甲公司使用，租赁期开始日为 2×16 年 2 月 1 日，租期 2 年。

（1）支付土地出让金时，依据财政部门开具的土地使用权出让金专用票据和银行转款手续，进行的会计处理为：

借：开发成本——土地开发　　90 000 000

　　贷：银行存款　　90 000 000

（2）支付土地开发成本时，根据付款依据、税务部门监制的发票或财政部门监制的收据，进行会计处理为：

借：开发成本——土地开发　　8 000 000

　　贷：银行存款　　8 000 000

（3）2×16 年 2 月 1 日，租赁期开始日，应将已开发的土地转换为投资性房地产，进行的会计处理为：

借：投资性房地产——土地使用权　　98 000 000

　　贷：开发成本——土地开发　　98 000 000

第三章　开发建设阶段

本章导读

开发建设阶段是房地产开发的重要阶段。在此阶段，房地产开发企业要在土地上完成房地产产品的开发，形成开发产品；会计核算上一方面要进行成本费用的核算，另一方面要对工程发包、材料、设备采购及其往来账款进行核算。为了加强开发成本的管理，降低开发过程中耗费的活劳动和物化劳动，提高企业经济效益，必须正确核算开发产品的成本，在各个开发环节控制各项费用支出。

在本章中，我们重点学习以下内容：

（1）房地产开发企业开发成本的构成和成本对象的确定；
（2）土地开发成本的核算；
（3）房屋开发成本的核算；
（4）配套设施开发成本的核算；
（5）开发建设阶段涉及的税收及其会计处理；
（6）自营开发工程成本的核算；
（7）发包开发工程及其价款结算的核算；
（8）代建工程开发成本的核算。

第一节 开发成本概述

房地产开发企业在其生产经营活动中发生的费用有两部分：开发成本和期间费用。企业应当合理划分成本和期间费用的界限。一般说来，开发成本应适用配比性原则，把发生的各类开发成本经过归集和分配后，计入所开发的产品成本。期间费用由于很难分配到各个成本项目中，则应当直接计入当期损益。

一、开发产品成本的构成

开发产品成本构成及相关内容见表3-1。

表3-1 开发产品成本构成及相关内容

成本构成	相关内容	
按用途划分	土地开发成本	指房地产开发企业开发土地（即建设场地）所发生的各项费用支出
	房屋开发成本	指房地产开发企业开发各种房屋（包括商品房、出租房、周转房、代建房等）所发生的各项费用支出
	配套设施开发成本	指房地产开发企业开发能有偿转让的大配套设施及不能有偿转让、不能直接计入开发产品成本的公共配套设施所发生的各项费用支出
	代建工程开发成本	指房地产开发企业接受委托单位的委托，代为开发除土地、房屋以外其他工程如市政工程等所发生的各项费用支出
按照成本支出的用途分	土地征用及拆迁补偿费	包括土地征用费、耕地占用税、劳动力安置费及有关地上、地下附着物拆迁补偿的净支出、安置动迁用房支出等
	前期工程费	包括规划、设计、项目可行性研究、水文、地质、勘察、测绘、“三通一平”（通水、通电、通路、清理平整建设场地）等支出

（续表）

成本构成	相关内容	
按照成本支出的用途分	建筑安装工程费	指土地房屋开发项目在开发过程中按建筑安装工程施工图施工所发生的各项建筑安装工程费和设备费。如果企业以出包工程的形式进行施工建设，建筑安装工程费就是房地产开发企业支付给承包单位的建筑安装工程费；如果以自营方式进行，建筑安装工程费则是房地产企业为进行某一项工程的开发所发生的直接人工、直接材料、机械使用费、其他直接费用和间接费用的总和
	基础设施建设费	包括开发小区内道路、供水、供电、供气、排污、排洪、通讯、照明、环卫、绿化等工程发生的支出。其中，开发小区内道路、供水、供电、供气、排污、排洪、通讯照明工程，通常称为“七通”
	公共配套设施费	指在开发小区内发生，可计入土地、房屋开发成本的不能进行有偿转让的公共配套设施费用，如锅炉房、水塔、居委会、派出所、幼托、消防、自行车棚、公厕等设施支出
	开发间接费用	指企业所属直接组织管理开发项目发生的费用，包括工资、职工福利费、折旧费、修理费、办公费、水电费、劳动保护费、周转房摊销等
	其他开发费用	包括企业为开发产品而发生的应计入开发产品成本的以上各项之外的支出。如企业为开发房地产而借入的资金，在开发产品完工之前所发生的利息等借款费用，以及其他难以归入以上各个项目的开支等

需要注意的是，房地产开发企业在开发现场组织和管理房地产开发建设而发生的各项费用，应作为开发间接费用，计入开发产品成本。但在实际工作中，除了周转房摊销外，企业很难划清管理费用和开发间接费用的界线。因此，除了周转房摊销列作开发间接费用外，其余费用往往以是否设立现场管理机构为依据进行划分，如果开发企业不设现场机构，而由公司定期或不定期地派人到开发现场组织开发建设活动，则所发生的费用可直接并入企业的管理费用。

二、开发产品成本核算对象的确定

合理确定成本核算对象，是企业开发产品成本核算的重要条件。开发产品成本的核算对象，就是在开发产品成本的计算过程中，为归集和分配费用而确定的费用承担者。成本核算对象如果划分过粗，不能反映独立开发项目的实际成本水平；如果划分过细，则会增加许多间接费用的分配，增加核算工作量，并影响成本的准确性。

由于房地产开发企业是按照城市总体规划、土地使用规划和城市建设规划的要求，在特定的固定地点进行开发经营的，因此，在确定成本核算对象时，一般应结合开发工程的地点、用途、结构、装修、层高、施工队伍等因素来进行。其一般原则见图 3-1。

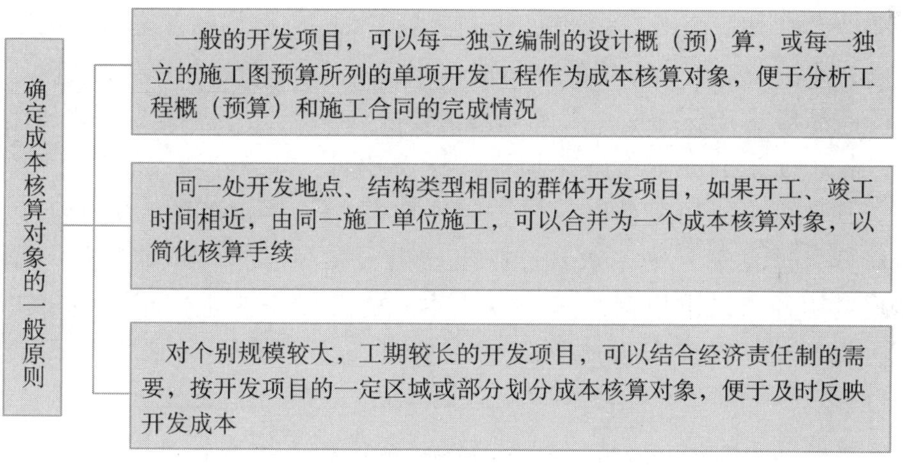

图 3-1　确定成本核算的一般原则

成本核算对象一经确定，不得任意变更，并应及时通知企业内部各有关部门，以统一成本核算口径。为了集中反映各个成本核算对象本期应负担的房地产开发费用，企业财会部门应按每一成本核算对象分别设置成本明细账（卡），并按成本项目分设专栏，以便归集和分配各成本核算对象的房地产开发费用并计算其开发成本。

三、开发产品成本计算期

一般而言，房地产开发产品的成本计算期与开发建设周期一致。也就是说，开发产品成本是在产品开发完成并验收合格后才结算出来，因而其成本计算是不定期的。

对于开发小区的建设来说，开发产品成本计算期与开发小区的建设周期原则上应该一致，即各项开发产品的实际成本一般应于开发小区全部竣工后才进行计算与结转。但在实际工作中，一个住宅小区的开发建设，时间通常较长，有的需要几年的时间方能全部竣工。而房地产开发企业在开发进度的安排上，一般是先建住宅，后建配套工程，因而往往出现住宅已经建成而配套工程尚未投入使用，或者是住宅已经销售，而道路、绿化尚未完工等情况。这种商品房与配套设施建设的时间差，使得那些已经具备使用条件，并已出售的商品房应负担的配套设施的建设费用，无法按照配套设施的实际成本来计算。为了及时结转小区内已出售的商品房的开发成本，以便与其销售收入相配比，就需要采取预提方式，将未完工的配套设施的预计建设费用计入已销售商品房的开发成本。其计算方法一般是以经过主管财政部门审核批准的未完工配套设施概算（或预算）为基数，计算出已出售商品房应负担的数额，作为预提费用计入已出售商品房开发成本。待开发小区全部正式竣工决算时，再调整预提配套设施费用，以保证整个开发小区成本计算的准确性。

应该说明的是，房地产开发建设就其生产组织而言，属于单件、小批生产类型。开发产品成本计算是以每一项或每一小批开发产品作为成本计算对象，以房地产开发建设周期作为成本计算期，一般于开发产品竣工后进行成本结算。因而，房地产开发产品成本计算方法与分批（定单）法完全一致。

四、开发产品成本的科目设置及核算内容

开发产品成本的核算，就是将房地产开发过程中发生的各项生产费用，根据各有关部门提供的手续完备的凭证资料进行汇总，然后再直接计入或分配计入有关成本核算对象，计算出各开发产品的实际成本。

（一）开发产品成本的科目设置

为了准确核算和监督房地产开发建设过程中各项开发建设费用的发生、归集和分配情况，正确计算开发产品成本，房地产开发企业应设置下列会计科目，见表3-2。

表3-2　开发产品成本科目设置

科目名称	科目设置目的	具体规定
开发成本	用于核算企业在土地、房屋、配套设施和代建工程的开发过程中所发生的各项费用	企业发生的土地征用及拆迁补偿费、前期工程费、基础设施费和建筑安装工程费等，属于直接费用，直接计入开发成本具体核算对象的借方科目
开发间接费用	用于核算企业内部独立核算单位为开发产品而发生的各项间接费用，包括工资、福利费、折旧费、修理费、办公费、水电费、劳动保护费、周转房摊销等	企业发生的各项间接费用，借记“开发间接费用”，贷记“应付职工薪酬”、“累计折旧”、“周转房”等科目。期末，借方归集的开发间接费用应按企业成本核算办法的规定，分配计入有关的成本核算对象，借记“开发成本”科目，贷记“开发间接费用”，结转后本科目应无余额

需要注意的是，企业应根据本企业的经营特点，选择本企业的成本核算对象、成本项目和成本核算方法。“开发间接费用”账户应按开发成本的种类，如“土地开发”、“房屋开发”、“配套设施开发”和“代建工程开发”等设置明细账，并在明细账下，按成本核算对象和成本项目进行明细核算。

（二）开发产品成本的会计处理

房地产开发企业开发产品成本的具体核算内容见表3-3。

表3-3　开发产品成本相关业务的会计处理

相关业务	会计处理
企业开发的土地、房屋、配套设施和代建工程等，采用出包方式的	根据承包企业提出的“工程价款结算账单”承付工程款，借记“开发成本”，贷记“应付账款——应付工程款”科目

（续表）

相关业务	会计处理
企业开发的土地、房屋、配套设施和代建工程等采用自营方式的	发生的各项费用，直接借记“开发成本”，贷记“库存材料”、“银行存款”等科目
	如果企业自营施工大型建筑安装工程，可以根据需要增设“工程施工”、“施工间接费用”等科目，用来核算和归集自营工程建筑安装费用，月末，再按实际成本转入“开发成本”科目
企业在房地产开发过程中领用的设备附属于工程实体的	根据附属对象，于设备发出交付安装时，按其实际成本，借记“开发成本”，贷记“库存设备”科目
根据权责发生制、收入与成本配比原则，应由商品房等开发产品负担的费用	如不能有偿转让的公共配套设施费等，应在结转商品房等开发产品销售成本时预提，预提时，借记“开发成本”，贷记“预提费用”科目。预提数与实际支出数的差额，增加或减少有关开发产品成本
企业已经开发完成并验收合格的土地、房屋、配套设施和代建工程	应及时进行成本结转，按其实际成本，借记“开发产品”科目，贷记“开发成本”；企业对出租房屋进行装饰及增补室内设施工程完工，应及时结转工程成本，借记“出租开发产品”科目，贷记“开发成本”

第二节　土地开发成本的核算

房地产开发企业开发的土地，按其用途可将它分为如下两种：一种是为了转让、出租而开发的商品性土地（也叫商品性建设场地）；另一种是为开发商品房、出租房等房屋而开发的自用土地。

一、土地开发支出划分和归集的原则

企业因开发土地而发生的各项费用称为土地开发成本，对于商品性建设场地和自用土地的会计核算要求是不同的。土地开发支出划分和归

集的原则见图 3-2。

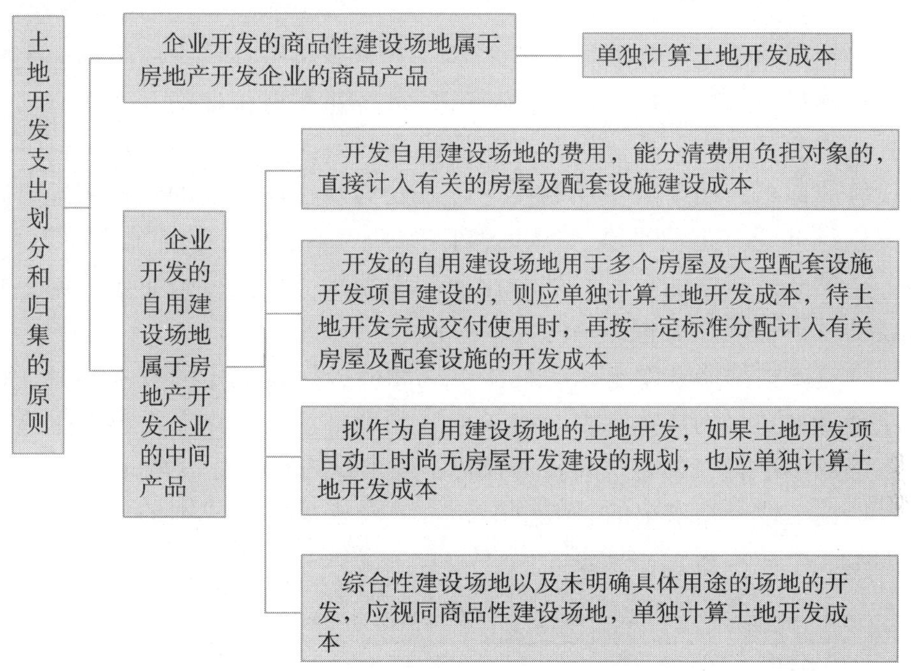

图 3-2 土地开发支出划分和归集的原则

二、土地开发成本核算对象的确定和成本项目的设置

（一）土地开发成本核算对象的确定

为了既有利于土地开发支出的归集，又有利于土地开发成本的结转，对需要单独核算土地开发成本的开发项目，可按下列原则确定土地开发成本的核算对象。

确定土地开发成本核算对象的原则：（1）对开发面积不大、开发工期较短的土地，可以每一块独立的开发项目为成本核算对象；（2）对开发面积较大、开发工期较长、分区域开发的土地，可以一定区域作为土地开发成本核算对象。

成本核算对象应在开工之前确定，一经确定就不能随意改变，更不能相互混淆。

（二）土地开发成本项目的设置

房地产开发企业在取得土地之后，由于土地原有状态的不同，土地在后期建设设计要求的不同，房地产开发企业在对土地的开发、所支付开发成本也是不相同的。例如将一块耕地开发为园林建设用地，仅需要铺设管线即可；而要对一片老住宅区开发为新住宅小区的建设用地，则需要进行拆迁、土地平整、铺设地下管线、修建地面道路等多项工程，所产生的开发成本的项目必然会比前者多很多。因此，企业要根据土地开发的具体情况，设置必要的成本项目。

企业要根据所开发土地的具体情况和会计制度规定的成本项目，设置土地开发项目的成本项目。对于会计制度规定的、企业没有发生支出内容的成本项目，如建筑安装工程费、配套设施费等可不必设置。

根据土地开发支出的一般情况，企业对土地开发成本的核算，可设置如下几个成本项目，见表3-4。

表3-4　土地开发成本项目的设置

成本项目	内容
获得土地使用权的成本	如开发土地是从政府土地管理部门批租获得的，则应列入批租地价；如果是通过土地交易的二级市场取得的土地使用权，则是购入土地的价格以及为获得土地使用权而需要缴纳的各类税金
土地征用及拆迁补偿费	土地征用及拆迁补偿费是指按照城市建设总体规划进行土地开发所发生的土地征用费、耕地占用税、劳动力安置费，及有关地上和地下建筑物拆迁补偿费等，但对拆迁旧建筑物回收的残值应估价入账并冲减有关成本
前期工程费	前期工程费是指土地开发项目前期工程发生的费用，包括规划、设计费，项目可行性研究费，水文、地质勘察、测绘费，场地平整费等
基础设施费	基础设施费是指土地开发过程中发生的各种基础设施费，包括道路、供水、供电、供气、排污、排洪、通讯等设施费用
开发间接费	开发间接费指应由商品性土地开发成本负担的开发间接费用

三、土地开发成本的核算

房地产开发企业在土地开发过程中发生的各项开发建设费用，除可将直接计入房屋开发成本的自用土地开发支出在“开发成本——房屋开发”科目核算外，其他土地开发支出均应通过“开发成本——土地开发”科目进行核算。

（1）首先应按确定的成本核算对象和规定的成本项目进行归集。其中，能够分清受益对象的费用，如土地征用及拆迁补偿费、前期工程费、基础设施费、建筑安装工程费等，应直接计入“开发成本——土地开发”明细账的相应成本项目；不能分清受益对象的费用，如开发间接费用，则先通过“开发间接费用”科目归集，再采用一定的方法分配计入土地开发成本。

（2）土地开发成本的核算通常采取按月结账、完工后结转成本的方法。已完工土地开发项目应将其实际成本从“开发成本——土地开发”科目贷方转出，具体见表3-5。

表3-5 已完工土地开发项目转出的会计核算

<table>
<tr><th colspan="2">事　　项</th><th>会计核算</th></tr>
<tr><td colspan="2">为销售或有偿转让而开发的商品性建设场地</td><td>开发完成后将其实际成本转入“开发产品”科目</td></tr>
<tr><td rowspan="2">企业自用的建设场地</td><td>开发完成后近期投入使用的</td><td>其实际成本应转入“开发成本——房屋开发”科目，计入有关商品房、周转房或出租房等开发产品成本</td></tr>
<tr><td>开发完成后近期暂不使用的</td><td>应视同企业最终产品，在竣工验收时，将其实际成本转入“开发产品——自用土地”科目</td></tr>
</table>

需要说明的是，对于自用建设场地的开发成本，不论其结转到“开发产品”科目还是“房屋开发”二级科目，一般应按成本项目分项平行结转，即将土地开发成本按成本项目分别平行转入房屋开发成本和自用土地产品的对应成本项目，而不能仅结转土地开发成本总额。

【例3-1】 土地开发成本的会计核算

2×19年初鑫鑫房地产开发公司通过投标的方式，从市国有土地储备中心获得甲和乙两块土地。甲块土地面积为8 000平方米，是一块无需拆迁的净地，该公司计划开发后作为商品性土地对外销售；乙块土地面积为20 000平方米，地处中心商业地带，需要对原有的居民进行补偿后进行拆迁，计划开发完成后作为自用建设场地，用于本公司开发的新兴写字楼建设。本月关于两块土地发生的开发成本见表3-6，表3-7。

表3-6 开发产品成本卡

二级账户：土地开发　　三级明细账：甲块土地　　单位：元

2×19年 月	日	凭证号	摘要	土地出让金	拆迁补偿费	前期工程费	基础设施费	建筑安装工程费	公共配套设施费	开发间接费用	开发成本合计
8	3	29	支付土地出让金	2 800 000							2 800 000
8	9	43	支付前期工程费			60 000					60 000
8	16	68	结算基础设施费				53 000				53 000
8	19	78	结算公共配套设施费						120 000		120 000
8	31	146	结转开发间接费用							20 000	20 000
			本月开发费用合计	2 800 000	0	60 000	53 000	0	120 000	20 000	3 053 000
8	31	168	结转竣工建设场地成本	2 800 000	0	60 000	53 000	0	120 000	20 000	3 053 000

表3-7 开发产品成本卡

二级账户：土地开发　　三级明细账：乙块土地　　单位：元

2×19年 月	日	凭证号	摘要	土地出让金	拆迁补偿费	前期工程费	基础设施费	建筑安装工程费	公共配套设施费	开发间接费用	开发成本合计
8	3	29	支付土地出让金	60 000 000							60 000 000
8	5	31	支付征地拆迁费		14 000 000						14 000 000
8	9	43	支付前期工程费			30 000					30 000

（续表）

2×19年		凭证号	摘要	土地出让金	拆迁补偿费	前期工程费	基础设施费	建筑安装工程费	公共配套设施费	开发间接费用	开发成本合计
月	日										
8	16	68	结算基础设施费				800 000				800 000
8	19	78	结算公共配套设施费					45 000	160 000		205 000
8	31	146	结转开发间接费用							40 000	40 000
			本月开发费用合计	60 000 000	14 000 000	30 000	800 000	45 000	160 000	40 000	75 075 000
8	31	168	结转竣工建设场地成本	60 000 000	14 000 000	30 000	800 000	45 000	160 000	40 000	75 075 000

（1）8月3日，鑫鑫公司以银行存款支付土地出让金8 800万元，其中甲块土地2 800万元，乙块土地6 000万元。

借：开发成本——土地开发——甲块土地(土地出让金)

28 000 000

——乙块土地(土地出让金)

60 000 000

贷：银行存款　88 000 000

（2）8月5日，鑫鑫公司以银行存款支付拆迁补偿费1 400万元，全部为乙块土地支出，甲块土地无需拆迁。

借：开发成本——土地开发——乙块土地（拆迁补偿费）

14 000 000

贷：银行存款　14 000 000

（3）8月9日，鑫鑫公司以银行存款支付项目可行性研究及勘察、测绘费9万元。其中，甲块土地3万元，乙块土地6万元。

借：开发成本——土地开发——甲块土地（前期工程费）60 000

——乙块土地（前期工程费）30 000

贷：银行存款　90 000

（4）8月16日，鑫鑫公司由一家建筑公司承包的土地开发基础设施工程竣工，结算应付工程款85.30万元，其中，甲块土地5.30万元，乙块土地80万元。

借：开发成本——土地开发——甲块土地（基础设施费） 53 000
——乙块土地（基础设施费） 800 000
贷：应付账款——应付工程款 853 000

（5）8月19日，乙块土地的天然气调压站建设完工，结算应付工程款4.50万元。

借：开发成本——土地开发——乙块土地（建筑安装工程费） 45 000
贷：应付账款——应付工程款 45 000

（6）8月19日，鑫鑫公司向市政管理部门缴纳公共配套设施费28万元，其中甲块土地12万元，乙块土地16万元。

借：开发成本——土地开发——甲块土地(公共配套设施费) 120 000
——乙块土地(公共配套设施费) 160 000
贷：应付账款——应付工程款 280 000

（7）8月30日，结转两块土地应负担的开发间接费用6万元，其中甲块土地2万元，乙块土地4万元。

借：开发成本——土地开发——甲块土地（开发间接费用）20 000
——乙块土地（开发间接费用）40 000
贷：开发间接费用 60 000

（8）月末，甲块土地开发完成竣工验收，结转开发成本。

借：开发产品——土地开发——甲块土地 3 053 000
贷：开发成本——土地开发——甲块土地 3 053 000

（9）月末，将乙块土地已发生的开发成本结转到开发成本中。

借：开发成本——新兴写字楼（土地出让金） 60 000 000
——新兴写字楼（拆迁补偿费） 14 000 000
——新兴写字楼（前期工程费） 30 000
——新兴写字楼（基础设施费） 800 000
——新兴写字楼（建筑安装工程费） 45 000
——新兴写字楼（公共配套设施费） 160 000
——新兴写字楼（开发间接费用） 40 000
贷：开发成本——土地开发——乙块土地 75 075 000

第三节　房屋开发成本的核算

房屋开发是房屋开发和房屋再开发的统称，是房地产开发企业的主要经济业务。房屋开发是指城市各种房屋建设从可行性研究、规划设计、建筑安装工程施工到房屋建成竣工验收的全过程。房屋再开发是指对旧城区成片地进行更新改造，拆除原有的房屋建筑物，按规划设计要求重新建造各种房屋。房地产开发企业在房屋开发过程中发生的各项支出，应按房屋成本核算对象和成本项目进行归集。

一、房屋开发成本核算对象的确定

房地产开发企业开发建设的房屋按用途可以分为以下五类，见图3-3。

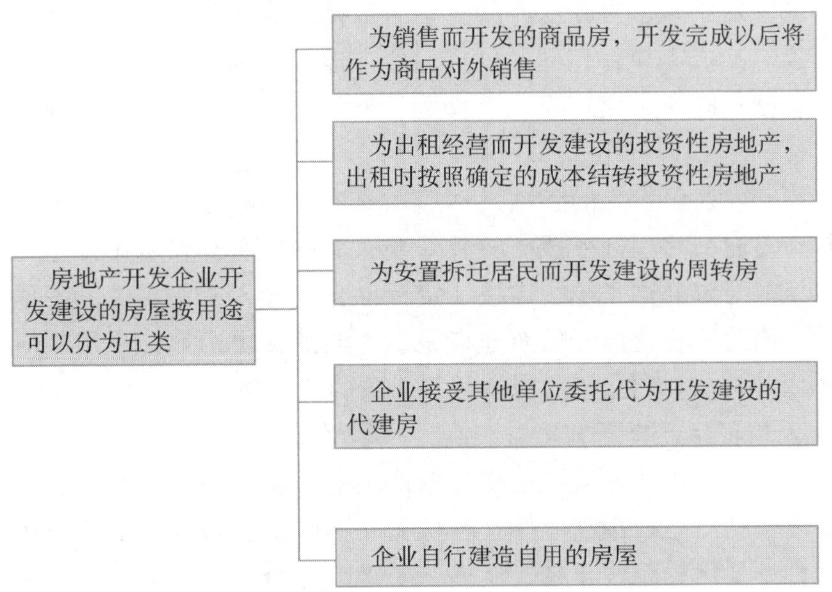

图3-3　房地产开发企业开发建设的房屋用途

第四类代建房在代建工程部分介绍；第五类自行建造的自用房屋，发生的工程成本应通过“在建工程”账户核算，工程完工达到预定可使用状态时，从“在建工程”账户转入“固定资产”账户，自建自用的房屋本章不作重点介绍。

房地产开发企业确定房屋开发成本计算对象时，应考虑房屋开发内容、地点、用途、结构、施工方式、施工进度等因素，按以下原则来确定：（1）一般开发项目应以每一独立编制、有设计概算和施工图预算的单项工程，即每栋独立的房屋作为成本计算对象；（2）对于同一开发地点、开竣工时间相近、结构类型相同，并由同一施工队伍施工的群体开发项目，可以合并作为一个成本计算对象，待开发完成后，再将其实际总成本按每栋独立房屋概算、预算的比例进行分配，求得每栋房屋的开发成本；（3）对于个别规模较大、工期较长的房屋开发项目，可以结合工程进度和责任制的要求，以房屋开发项目的各个部位作为成本计算对象，待开发完成后再将各部位的实际成本进行汇总，求得该栋房屋的开发成本。

二、房屋开发成本的归集

房屋开发成本作为开发产品成本的重要组成部分，其各成本项目具有与开发产品成本项目相同的内容，即土地征用及拆迁补偿费、前期工程费、基础设施费、建筑安装工程费、公共配套设施费和开发间接费用6个成本项目。

房屋开发建设发生的各项成本费用支出，能够分清负担对象的，可以直接计入有关房屋开发成本核算对象；有些房屋开发费用发生时由多个成本核算对象共同负担，需按一定标准分配计入有关房屋开发成本核算对象。因此，房地产开发企业应根据不同的支出内容，采用相应的办法将房屋开发成本归集到各成本核算对象的成本项目。

1. 土地征用及拆迁补偿费

土地征用及拆迁补偿费是指为取得土地开发使用权而发生的各项费用，主要包括土地征用费、拆迁补偿费、市政配套费等。土地征用费是指支付的土地出让金、土地转让费、土地效益金、土地开发费，交纳的契税、耕地占用税，土地变更用途和超面积补交的地价，补偿合作方地价，合作项目建房转入分给合作方的房屋成本和相应税费等。拆迁补偿费是指有关地上、地下建筑物或附着物的拆迁补偿支出，安置及动迁支出，农作物补偿费，危房补偿费等；拆迁旧建筑物回收的残值应估价入账，分别冲减有关成本。市政配套费是指向政府部门交纳的大市政配套费，征用生地向当地市政公司交纳的红线外道路、水、电、气、热、通讯等的建造费、管线铺设费等。

房地产开发企业发生的土地征用及拆迁补偿费视能否区分负担对象等情况，有不同的归集方法。具体见表 3-8。

表 3-8　土地征用及拆迁补偿费的归集方法

具体类别	会计处理
能够分清负担对象的	应直接计入房屋开发成本核算对象的“土地征用及拆迁补偿费”成本项目，即借记“开发成本——房屋开发”账户，贷记“银行存款”、“应付账款”等账户
不能分清负担对象的	应先在“开发成本——土地开发”账户进行归集，待土地开发完成投入使用时，再按一定的分配方法将其计入有关房屋成本核算对象的“土地征用及拆迁补偿费”成本项目，即借记“开发成本——房屋开发”账户，贷记“开发成本——土地开发”账户
房地产开发企业开发完工的商品性建设场地，改变用途为房屋开发时	应将商品性建设场地的开发费用转入有关房屋成本核算对象的“土地征用及拆迁补偿费”成本项目，即借记“开发成本——房屋开发”账户，贷记“开发产品——商品性土地”账户
房地产开发企业综合开发的土地	先通过“开发成本——土地开发”进行归集，待开发产品投入使用时，应按一定的标准分配房屋建筑物和商品性建设场地应负担的土地开发成本，即借记“开发成本——房屋开发”、“开发产品——商品性土地”账户，贷记“开发成本——土地开发”

房地产开发企业将土地开发成本结转房屋开发成本时，应采用平行结转法，即土地开发成本项目中的土地征用及拆迁补偿费应结转为房屋开发成本项目中的土地征用及拆迁补偿费；土地开发成本项目中的前期工程费应结转为房屋开发成本项目中的前期工程费。

2. 前期工程费

前期工程费是指在取得土地开发权之后、项目开发前期的筹建、规划、设计、可行性研究、水文地质勘察、测绘和“三通一平”等前期费用。具体包括行政事业性收费、规划设计费、勘测丈量费、“三通一平”费、临时设施费、预算编审费以及其他前期工程费等。

行政事业性收费是指项目报建时按规定向政府有关部门交纳的报批费，如市政基础设施配套费、异地绿化建设费、人防异地建设费、消防图纸审查费、地方教育费附加、白蚁防治费、建设工程社会保险费、新型墙体材料专项基金、工程质监费、防雷图纸及检测、施工图抗震设防技术审查费、工程招标代理费、图纸审查费、散装水泥费、环评报告编制费及招投标管理费等。规划设计费是指方案设计、施工图设计、园林设计、自来水设计、电力设计、人防设计、制图、晒图费，规划设计模型制作费，方案评审费等费用，如遇到比较复杂的地质，还需要进行岩土设计，会发生岩土设计费。勘测丈量费是指水文、地质、文物和地基勘察费，沉降观测费，日照测试费，拨地钉桩验线费，复线费，定线费，放线费，建筑面积丈量费等。“三通一平”费是指接通红线外施工用临时给排水（含地下排水管、沟开挖铺设费用）、供电、道路（含按规定应交的占道费、道路挖掘费）等设施的设计、建造、装饰和进行场地平整发生的费用（包括开工前垃圾清运费）等。临时设施费是指施工方临时办公室，临时场地占用费，临时借用空地租费，以及沿红线周围设置的临时围墙、围栏等设施的设计、建造、装饰等费用。预算编审费是指支付给社会中介服务机构受聘为项目编制或审查预算而发生的费用。

房屋开发建设过程中发生的前期工程费，能分清成本核算对象的，应直接计入有关房屋开发成本核算对象的“前期工程费”成本项目，即借记“开发成本——房屋开发——前期工程费”和“应交税费——应交增值税（进项税额）”账户，贷记“银行存款”、“应付账款”等账户；应由两个或两个以上成本核算对象共同负担的前期工程费，应按一定的标准分配计入有关房屋成本核算对象的“前期工程费”成本项目。

3. 建筑安装工程费

建筑安装工程费是指项目开发过程中发生的列入建筑安装工程施工图预算项目内的各项费用（含设备费、出包工程向承包方支付的临时设施费和劳动保险费），有甲供材料、设备的，还应包括相应的甲供材料、设备费。具体包括土建工程费、安装工程费和装修工程费等。

土建工程费是指土石方、桩基、护壁（坡）工程费，基础处理费，桩基咨询费，土建结构工程费（含地下室部分）。有甲供材料的，还应包括相应的甲供材料费。安装工程费是指主体工程内的照明等电气设施安装费，主体工程内的通讯、保安监视、有线电视系统等电讯设施安装费，主体工程内的上下水、热水等给排水设施安装费，主体工程内的电梯及其安装、调试费，主体工程内的换热站、冷冻站、风机盘管控制、楼宇自控系统等空调设施安装费，主体工程内的自动喷洒、消防栓和消防报警系统等消防设施安装费，主体工程内的煤气管线等燃气设施安装费，主体工程内的水暖、汽暖等供热设施安装费。上述各项如有甲供材料、设备，还应分别包括相应的甲供材料、设备费。装修工程费是指内外墙、地板（毯）、门窗、厨洁具、电梯间、天（顶）棚、雨篷等的装修费，有甲供材料的，还应包括相应的甲供材料费。

房地产开发企业开发建设房屋，其建筑安装工程施工一般采用出包的方式，建筑安装工程支出应依据“工程结算单”，根据企业承付的已完工程价款确定，直接计入有关房屋开发成本核算对象的“建筑安装工程费”成本项目，即借记“开发成本——房屋开发——建筑安装工程费”和“应交税费——应交增值税（进项税额）”账户，贷记“银行存款”、“应付账款”、“预付账款”等账户。

4. 基础设施费

基础设施费是指项目开发过程中发生的小区内建筑安装工程施工图预算项目之外的道路、供电、供水、供气、供热、排污、排洪、通讯、照明和绿化等基础设施工程费用，红线外两米与大市政接口的费用，以及向水、电、气、热、通讯等大市政公司交纳的费用。具体包括道路工程费、供电工程费、给排水工程费、煤气工程费、供暖工程费、通讯工程费、电视工程费、照明工程费、景观绿化工程费、环卫工程费、安防智能化工程费以及小区周围设置的永久性围墙、围栏支出、园区大门、自然下沉整改费等。

供电工程费是指变（配）电设备的购置费，设备安装及电缆铺设费，供（配）电贴费，电源建设费，交纳的电增容费等。给排水工程费是指自来水、雨（污）水排放、防洪等给排水设施的建造、管线铺设费用，以及向自来水公司交纳的水增容费等。煤气工程费是指煤气管道的铺设费、增容费、集资费，煤气配套费，煤气发展基金、煤气挂表费等。

供暖工程费是指暖气管道的铺设费、集资费。通讯工程费是指电话线路的铺设、电话配套费，电话电缆集资费，交纳的电话增容费等。电视工程费是指小区内有线电视（闭路电视）的线路铺设和按规定应交纳的有关费用。照明工程费是指小区内路灯照明设施支出。景观绿化工程费是指小区内景观建设、人工草坪、栽花、种树等绿化支出。环卫工程费是指小区内的环境卫生设施支出，如垃圾站（箱）、公厕等支出。安防智能化工程费是指小区内安防、监控工程费。

房屋开发建设过程中发生的基础设施费，能分清成本核算对象的，应直接计入有关房屋开发成本核算对象的“基础设施费”成本项目，借记“开发成本——房屋开发——基础设施费”和“应交税费——应交增值税（进项税额）”账户，贷记“银行存款”、“应付账款”等账户；应由两个或两个以上成本核算对象共同负担的基础设施费，应按一定的标准分配计入有关房屋成本核算对象的“基础设施费”成本项目。

5. 公共配套设施费

公共配套设施费是指房屋开发过程中，根据有关法规，产权及其收益权不属于开发商，开发商不能有偿转让也不能转作自留固定资产的公共配套设施支出。该成本项目下按各项配套设施设立明细科目，具体核算内容可区分为以下情况：（1）在开发小区内发生的不会产生经营收入的不可经营性公共配套设施支出，如建造消防、水泵房、水塔、锅炉房（建筑成本）、变电所（建筑成本）、居委会、派出所、岗亭、儿童乐园和自行车棚等设施的支出。（2）在开发小区内发生的根据法规或经营惯例，其经营收入归于经营者或业委会的可经营性公共配套设施的支出，如建造幼托、邮局、图书馆、阅览室、健身房、游泳池和球场等设施的支出。（3）开发小区内城市规划中规定的大配套设施项目不能有偿转让和取得经营收益权时，发生的没有投资来源的费用。（4）对于产权、收入归属情况较为复杂的地下室、车位等设施，应根据当地政府法规、开发商的销售承诺等具体情况确定是否摊入本成本项目。如开发商通过补交地价或人防工程费等措施，得到政府部门认可，取得了该配套设施的产权，则应作为经营性项目独立核算。

发生的公共配套设施支出，能够分清成本核算对象的，应直接计入有关房屋开发成本核算对象的“配套设施费”项目，借记“开发成本——房屋开发——配套设施费”和“应交税费——应交增值税（进项税额）”账户，贷记“银行存款”、“应付账款”等账户；如果发生的配套设施支出，应由两个或两个以上成本核算对象共同负担的，应先在“开发成本——配套设施开发”账户进行汇集，待配套设施完工时，再按一定标准（如有关项目的预算成本或计划成本），分配计入有关房屋开发成本核算对象的“配套设施费”成本项目，借记“开发成本——房屋开发——配套设施费”和“应交税费——应交增值税（进项税额）”账户，贷记“开发成本——配套设施开发”账户。

6. 开发间接费

企业为直接组织和管理开发项目所发生的，且不能将其归属于特定成本对象的成本费用性支出。主要包括管理人员工资、职工福利费、折旧费、修理费、办公费、水电费、劳动保护费、工程管理费、周转房摊销以及项目营销设施建造费等。

房地产开发企业在开发建设房屋过程中发生的各项间接费用，应先通过“开发间接费用”账户进行核算，期末，再按一定标准分配计入各有关开发产品成本。应由房屋开发成本负担的开发间接费用，应计入有关房屋开发成本核算对象的“开发间接费”成本项目，即借记“开发成本——房屋开发——开发间接费”和“应交税费——应交增值税（进项税额）”账户，贷记“开发间接费用”账户。

三、房屋开发成本的结转

房地产开发企业对已完成开发过程的商品房、周转房及投资性房地产，应在竣工验收以后将其开发成本结转“开发产品”账户。会计人员应根据房屋开发成本明细分类账记录的完工房屋实际成本，计入“开发产品——房屋”和“应交税费——应交增值税（进项税额）”账户的借方和“开发成本——房屋开发”账户的贷方。

四、房屋开发成本核算方法举例

【例 3-2】　房地产开发成本的会计核算

鑫鑫房地产公司开发的商品房 A、商品房 B 和周转房，在 2×19 年度共发生了下列有关开发支出：

①2 月份，用银行存款支付征地拆迁费 290 万元，其中商品房 A 应负担 200 万元，商品房 B 应负担 90 万元。

②4 月份，用银行存款支付承包设计单位设计费 105 万元，其中商品房 A 的设计费 70 万元，商品房 B 的设计费 20 万元，周转房的设计费 15 万元，相应增值税进项税额为 6.3 万元。

③5 月份，用银行存款支付承包施工企业基础设施工程款 70 万元，其中商品房 A 应负担的工程款为 40 万元，商品房 B 应负担的工程款为 20 万元，周转房应负担的工程款为 10 万元，增值税税率为 9%，进项税额为 6.30 万元。

④9 月份，根据工程结算单，应付甲承包施工企业建筑安装工程款 510 万元，其中商品房 A 应负担的工程款为 300 万元，商品房 B 应负担的工程款为 150 万元，周转房应负担的工程款为 60 万元，增值税进项税额 45.90 万元。

⑤根据小区需要，在小区内建设一公共配套水塔，其中应由商品房 A 负担的水塔配套设施费为 40 万元，商品房 B 负担的水塔配套设施费为 20 万元，周转房应负担的水塔配套设施费为 6 万元。

⑥8 月份，共发生开发间接费用 17 万元，其中应由商品房 A 负担 10 万元，应由商品房 B 负担 5 万元，应由周转房负担 2 万元。

（1）根据上述资料①，依据有关部门规划（拆迁）批准文件，凭借双方签订的拆迁补偿合同和收款收据及银行付款凭据，鑫鑫房地产公司应作以下账务处理：

借：开发成本——房屋开发——土地征用及拆迁补偿费（商品房 A）
2 000 000
——土地征用及拆迁补偿费（商品房 B）
900 000
贷：银行存款 2 900 000

（2）根据上述资料②，依据结算单及设计发票和银行付款凭据，鑫鑫房地产公司应作以下账务处理：

借：开发成本——房屋开发——前期工程费（商品房 A）700 000
——前期工程费（商品房 B）200 000
——前期工程费（周转房）150 000

应付税费——应交增值税（进项税额）　63 000

贷：银行存款　1 113 000

（3）根据上述资料③，依据结算单及建筑发票和银行付款凭据，鑫鑫房地产公司应作以下账务处理：

借：开发成本——房屋开发——基础设施费（商品房A）　400 000

——基础设施费（商品房B）　200 000

——基础设施费（周转房）　100 000

应交税费——应交增值税（进项税额）　63 000

贷：银行存款　763 000

（4）根据上述资料④，依据结算单和建筑发票，鑫鑫房地产公司应作以下账务处理：

借：开发成本——房屋开发——建筑安装工程费（商品房A）　3 000 000

——建筑安装工程费（商品房B）　1 500 000

——建筑安装工程费（周转房）　600 000

应交税费——应交增值税（进项税额）　459 000

贷：应付账款——应付工程款（甲施工单位）　5 559 000

（5）根据上述资料⑤，依据公共配套（水塔）计算分配表，鑫鑫房地产公司应作以下账务处理：

借：开发成本——房屋开发——公共配套设施费（商品房A）　400 000

——公共配套设施费（商品房B）　200 000

——公共配套设施费（周转房）　60 000

贷：开发成本——配套设施开发——水塔　660 000

（6）根据上述资料⑥，依据开发间接费用分配表，鑫鑫房地产公司应作以下账务处理：

借：开发成本——房屋开发——开发间接费（商品房A） 100 000
——开发间接费（商品房B） 50 000
——开发间接费（周转房） 20 000
贷：开发间接费用 170 000

同时应将各项房屋开发支出分别计入各有关房屋开发成本明细分类账。

（7）依据开发产品结转明细表，应将完工验收的商品房开发成本结转“开发产品”账户的借方。鑫鑫房地产公司应作以下账务处理：

借：开发产品——商品房A 6 600 000
贷：开发成本——房屋开发（商品房A） 6 600 000
借：开发产品——商品房B 3 050 000
贷：开发成本——房屋开发（商品房B） 3 050 000
借：开发产品——周转房 930 000
贷：开发成本——房屋开发（周转房） 930 000

第四节　配套设施开发成本核算

配套设施是房地产开发企业根据城市建设规划的要求，或开发项目建设规划的要求，为满足居住的需要而与开发项目配套建设的各项服务性设施。配套设施主要有以下两类。见表3-9。

表3-9　配套设施的分类

具体类别	账务处理要求
建成后能够有偿转让的公共配套设施项目。包括会所、学校、幼儿园、物业管理用房和车库等，这类公用配套设施根据产权归属的不同进行不同的会计处理	（1）产权归小区全体业主所有的，或无偿赠与地方政府、公用事业单位以及其他部门的，可以直接计入房屋开发成本中，也可以先在配套设施中归集，然后转入房屋开发成本； （2）产权归房地产开发企业所有的，或未明确产权归属的，除房地产开发企业自用按固定资产进行处理外，其他一律按开发产品进行处理，房地产开发企业必须确定成本核算对象并计算其实际成本

（续表）

具体类别	账务处理要求
不能有偿转让的公共配套设施。这类配套设施不是企业的商品产品，一般不能有偿转让，不需要单独作为成本核算对象核算其开发成本，其发生的费用支出需分别计入开发的土地、商品房、能有偿转让的配套设施等开发产品成本。	（1）开发区内的锅炉房、水塔、自行车棚； （2）开发区以外为开发项目的居民提供服务的给排水、供水、供电、供暖、供气的增容、增压设施及交通道路等

一、配套设施开发成本核算对象的确定和成本项目设置

房地产开发企业在确定配套设施成本核算对象时，一般应以独立的配套设施项目作为核算对象，设置配套设施成本明细账。单独计算配套设施成本的配套设施，应编制有独立的设计、概算和预算，建成后可以独立发挥效益。

配套设施作为开发产品的一部分，其成本项目具有与开发产品成本项目相同的内容，即土地征用及拆迁补偿费、前期工程费、建筑安装工程费、基础设施费、公共配套设施费和开发间接费 6 个成本项目。

二、配套设施开发成本的归集

企业开发建设的配套设施，一般与商品房等开发产品在同一地点，并按照同一设计规划要求同时开发建设。有些费用在发生时属于共同费用支出，应通过分配的方式分别计入房屋和配套设施的开发成本；而配套设施又分为能够有偿转让和不能有偿转让两部分，不能有偿转让的配套设施开发成本，最终也要计入商品性开发项目的成本，为了简化核算手续，其开发成本也可以不参加分配。因此，对配套设施开发成本的归集，应根据不同情况采用相应的办法计入各成本项目。

1. 土地征用及拆迁补偿费

企业配套设施占用的建设场地，一般属于商品房等开发项目建设场地的一部分。配套设施应负担的土地征用及拆迁补偿费，能分清由某项配套设施开发项目负担的，应直接计入该项配套设施的成本项目；应由两个以上开发项目共同负担的土地征用及拆迁补偿费，应按其实际占用面积的一定比例分配计入该项配套设施的成本项目。其计算公式如下：

某配套设施工程应负担的土地征用及拆迁补偿费＝土地征用及拆迁补偿费总额×（该配套设施工程占用建设场地面积÷各成本核算对象占用建设场地总面积）

公式中，各成本核算对象包括开发建设的商品房、投资性房地产、周转房和能有偿转让的公共配套设施等；占用建设场地总面积是指以上各成本核算对象实际占用的面积而不是指征用的土地或建设场地面积。

通过分配计算，将配套设施开发建设过程中应负担的土地征用及拆迁补偿费计入有关成本核算对象的“土地征用及拆迁补偿费”成本项目，借记“开发成本——配套设施开发——土地征用及拆迁补偿费”账户，贷记“开发成本——土地开发”等账户。

2. 前期工程费

企业开发建设配套设施的前期工程，一般都是与商品房等开发产品的前期工程同时进行的，其发生的费用大多属于共同费用支出。因此，能直接计入某项配套设施成本核算对象的，应在发生时直接计入某项配套设施成本核算对象的“前期工程费”项目；不能直接计入某项配套设施成本核算对象的，应按一定的标准分配计入有关配套设施成本核算对象的“前期工程费”项目。借记“开发成本——配套设施开发——前期工程费”账户，贷记“银行存款”、“应付账款”、“开发成本——土地开发”等账户。

3. 基础设施费

基础设施费计入成本核算对象的方法同前期工程费。

4. 建筑安装工程费

企业开发建设配套设施发生的建筑安装工程费的归集和核算方法，与房屋开发成本核算中的相应内容基本相同。根据各项费用发生的原始凭证和记账凭证，将应由配套设施负担的建筑安装工程费计入有关配套

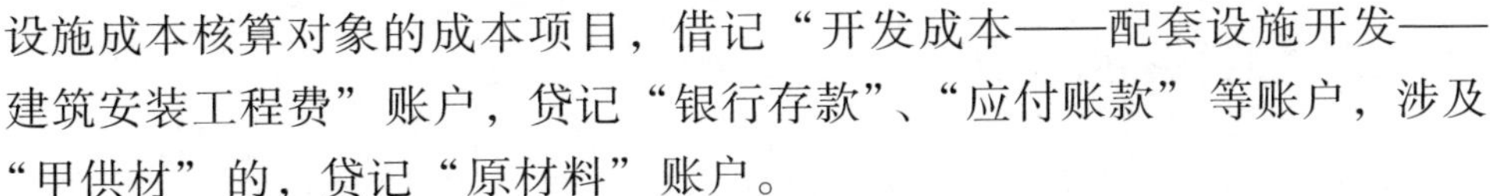

设施成本核算对象的成本项目，借记“开发成本——配套设施开发——建筑安装工程费”账户，贷记“银行存款”、“应付账款”等账户，涉及“甲供材”的，贷记“原材料”账户。

5. 公共配套设施费

配套设施开发成本核算对象中的“配套设施费”成本项目，核算能有偿转让的配套设施负担的不能有偿转让的配套设施发生的费用支出。不能有偿转让的配套设施发生的费用支出，能直接计入某项配套设施成本核算对象的，应在发生时直接计入能够有偿转让的配套设施成本核算对象的“配套设施费”成本项目；不能直接计入某项配套设施成本核算对象的，按一定标准（如按建筑面积的比例）分配计入能够有偿转让的配套设施成本核算对象的“配套设施费”成本项目，借记“开发成本——配套设施开发（有偿转让）”账户，贷记“开发成本——配套设施开发（不能有偿转让）”账户。

6. 开发间接费

企业在开发建设配套设施过程中发生的，应由能够有偿转让的配套设施负担的开发间接费用，于发生时在“开发间接费用”账户进行归集，期末，再按一定的标准分配计入有关能够有偿转让的配套设施成本核算对象的“开发间接费用”成本项目，借记“开发成本——配套设施开发”账户，贷记“开发间接费用”账户。

三、配套设施开发成本的结转

已完成全部开发过程并验收合格的配套设施，应按其不同情况和用途结转其开发成本。

（1）对能有偿转让的配套设施，应在竣工验收后将其实际成本转入“开发产品——配套设施”账户，即借记“开发产品——配套设施”账户，贷记“开发成本——配套设施开发”账户。

（2）按规定应将其开发成本分配计入商品房等开发产品成本的公共配套设施，在完工验收后，应将其发生的实际开发成本按一定的标准（有关开发产品的实际成本、预算成本或计划成本），分别计入有关房屋和大配套设施等的开发成本。

四、配套设施开发成本核算举例

【例 3-3】 配套设施开发成本的会计核算

鑫鑫房地产公司根据建设规划要求，在开发小区内负责建设一个商场和一座锅炉房。上述设施均发包给施工企业施工，其中商场建成后，有偿转让给商业部门。锅炉房的开发支出按规定计入有关开发产品的成本。上述各配套设施共发生了下列有关支出：

（1）鑫鑫房地产公司开发本小区共支付土地出让款 2 000 万元，商品房、周转房和能有偿转让的配套设施占地总面积 100 000 平方米，其中商场占地面积为 1 500 平方米，则商场应负担的土地征用及拆迁补偿费 =2 000 ×（1 500 ÷100 000）=30（万元）。依据规划设计图纸及计算数据，鑫鑫房地产公司应作以下账务处理：

借：开发成本——配套设施开发——土地征用及拆迁补偿费（商场）
300 000

贷：开发成本——土地开发　　300 000

（2）用银行存款支付设计单位设计费30 万元，增值税进项税额 1.8 万元其中商场的设计费 20 万元，锅炉房的设计费 10 万元。依据结算单及设计发票和银行付款凭据，鑫鑫房地产公司应作以下账务处理：

借：开发成本——配套设施开发——前期工程费(商场)　　200 000
——前期工程费(锅炉房)　100 000
应交税费——应交增值税（进项税额）　　18 000
贷：银行存款　　318 000

（3）根据工程结算单，应付施工企业基础设施工程款 80 万元，增值税进项税额 7.2 万元。其中商场的工程款为 50 万元，锅炉房的工程款为 30 万元。依据结算单和建筑发票，鑫鑫房地产公司应作以下账务处理：

借：开发成本——配套设施开发——基础设施费(商场)　　500 000
——基础设施费(锅炉房)　300 000
应交税费——应交增值税（进项税额）　　72 000
贷：应付账款——应付工程款　　872 000

（4）根据工程结算单，应付施工企业建筑安装工程款200万元，增值税进项税额180 000元。其中商场的工程款为150万元，锅炉房的工程款为50万元。依据结算单和建筑发票，鑫鑫房地产公司应作以下账务处理：

借：开发成本——配套设施开发——建筑安装工程费（商场）
1 500 000
——建筑安装工程费（锅炉房）
500 000
应交税费——应交增值税（进项税额）　180 000
贷：应付账款——应付工程款　2 180 000

（5）根据分配标准，假设应由商场负担的开发间接费用为9万元，由于锅炉房是不能有偿转让的，因此不用负担开发间接费。依据开发间接费用分配表，鑫鑫房地产公司应作以下账务处理：

借：开发成本——配套设施开发——开发间接费（商场）
90 000
贷：开发间接费用　90 000

（6）锅炉房已竣工验收，其总成本为90万元，按一定标准分摊到商品房70万元，商场20万元。依据公共配套设施（锅炉房）归集分配表，鑫鑫房地产公司应作以下账务处理：

借：开发成本——配套设施开发——配套设施费（商场）
200 000
——房屋开发——配套设施费　700 000
贷：开发成本——配套设施开发（锅炉房）　900 000

（7）商场已竣工，假设只发生上述费用，依据开发成本——配套设施开发（商场）结转明细表，则应将其实际成本转入“开发产品——配套设施”账户。鑫鑫房地产公司应作以下账务处理：

借：开发产品——配套设施（商场）　2 790 000
贷：开发成本——配套设施开发　2 790 000

第五节 开发建设阶段纳税及纳税业务的会计处理

一般来说，在开发建设阶段的应纳税种主要有城镇土地使用税和印花税。如果发生“甲供材”业务，还要按照税法的规定涉及营业税问题。

一、城镇土地使用税

房地产开发企业在开发建设阶段需要以实际占用的土地面积为计税依据，按照税法规定的差别幅度税额计算缴纳城镇土地使用税。具体纳税业务详见第三章相关部分。

二、印花税

房地产开发企业在开发建设阶段，涉及各种合同的签订，应当按照规定缴纳印花税。在开发建设阶段，需要贴印花税的合同有购销合同、货物运输合同；加工承揽合同、仓储保管合同；建筑工程勘察设计合同、借款合同；建筑安装工程承包合同、财产保险合同等，以上各类合同的具体税率见表3-10。

表3-10 印花税税目税率表

税目	范围	税率	纳税人	说明
1. 购销合同	包括供应、预购、采购、购销结合及协作、调剂、补偿、易货等合同	按购销金额0.3‰贴花	立合同人	—
2. 加工承揽合同	包括加工、定做、修缮、修理、印刷广告、测绘、测试等合同	按加工或承揽收入0.5‰贴花	立合同人	—
3. 建设工程勘察设计合同	包括勘察、设计合同	按收取费用0.5‰贴花	立合同人	—
4. 建筑安装工程承包合同	包括建筑、安装工程承包合同	按承包金额0.3‰贴花	立合同人	—
5，财产租赁合同	包括租赁房屋、船舶、飞机、机动车辆、机械、器具、设备等合同	按租赁金额1‰贴花。税额不足1元，按1元贴花	立合同人	—
6. 货物运输合同	包括民用航空运输、铁路运输、海上运输、内河运输、公路运输和联运合同	按运输费用0.5‰贴花	立合同人	单据作为合同使用的，按合同贴花

（续表）

税目	范围	税率	纳税人	说明
7. 仓储保管合同	包括仓储、保管合同	按仓储保管费用1‰贴花	立合同人	仓单或栈单作为合同使用的，按合同贴花
8. 借款合同	银行及其他金融组织和借款人（不包括银行同业拆借）所签订的借款合同	按借款金额0.05‰贴花	立合同人	单据作为合同使用的，按合同贴花
9. 财产保险合同	包括财产、责任、保证、信用等保险合同	按收取保险费1‰贴花	立合同人	单据作为合同使用的，按合同贴花
10. 技术合同	包括技术开发、转让、咨询、服务等合同	按所记载金额0.3%贴花	立合同人	
11. 产权转移书据	包括财产所有权和版权、商标专用权、专利权、专有技术使用权等转移书据、土地使用权出让合同、土地使用权转让合同、商品房销售合同	按所记载金额0.5‰贴花	立据人	
12. 营业账簿	生产、经营用账册	记载资金的账簿，按实收资本和资本公积的合计金额0.5‰贴花。其他账簿按件贴花5元	立账簿人	
13. 权利、许可证照	包括政府部门发给的房屋产权证、工商营业执照、商标注册证、专利证、土地使用证	按件贴花5元	领受人	

其中，土地使用权出让合同、土地使用权转让合同、商品房销售合同属于产权转移书据，按所记载金额0.5‰贴花。

【例3-4】　印花税的计算

2×19年5月，鑫鑫房地产公司签订合同如下：中央空调供货合同，合同金额为500万元；项目设计合同，合同金额为200万元；建筑工程承包合同，合同金额3 000万元。

计算鑫鑫房地产公司当月应缴纳的印花税税额：

（1）订立供货合同应纳税额为：

应纳税额＝5 000 000×0.000 3＝1 500（元）

（2）订立设计合同应纳税额为：

应纳税额＝2 000 000×0.000 5＝1 000（元）

（3）订立建筑工程承包合同应纳税额为：

应纳税额 = 30 000 000 × 0. 000 3 = 9 000（元）

（4）2×19 年 5 月份鑫鑫房地产公司应缴纳的印花税为：

1 500 + 1 000 + 9 000 = 11 500（元）

（5）购买印花税票时应进行的会计处理。

由于企业缴纳的印花税是由纳税人根据规定自行计算、自行购买并一次贴足印花税票的方法缴纳的税款。即一般情况下，企业需要预先购买印花税票，待发生应税行为时，再根据凭证的性质和规定的比例税率或者按件计算应纳税额，将已购买的印花税票粘贴在应纳税凭证上，并在每枚税票的骑缝处盖戳注销或者划销，办理完税手续。企业缴纳的印花税，不会发生应付未付税款的情况，不需要预计应纳税金额，同时也不存在与税务机关结算或清算的问题。因此，企业缴纳的印花税不需要通过“应交税费”账户核算，于购买印花税票时，直接借记“管理费用”账户，贷记“银行存款”账户。

借：管理费用——印花税　　11 500

　　贷：库存现金　　11 500

三、其他税种

除以上介绍的城镇土地使用税、印花税和“甲供材”涉税处理外，房地产开发企业在开发建设阶段还可能涉及房产税、车船税等税种，这里不再一一介绍。

第六节　自营开发工程成本的核算

房地产开发企业的基础设施和建筑安装等工程施工，可以采用自营方式，也可采用发包方式进行。

采用自营方式进行的基础设施和建筑安装（包括装饰）等工程，如果工程规模不大，在施工过程中发生的各项工程费用，可直接计入有关

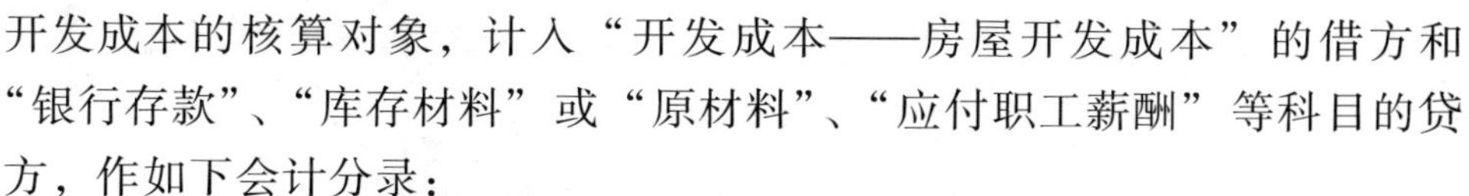

开发成本的核算对象，计入“开发成本——房屋开发成本”的借方和“银行存款”、“库存材料”或“原材料”、“应付职工薪酬”等科目的贷方，作如下会计分录：

借：开发成本——房屋开发成本

　　贷：银行存款

　　　　库存材料或原材料

　　　　应付职工薪酬

如果工程规模较大，由企业所属施工单位进行内部核算的，可根据需要设置“工程施工”科目，用来核算和归集自营工程费用，并按工程施工成本核算对象和成本项目设置工程施工成本明细分类账进行分类核算。

一、自营工程成本核算的对象和项目

自营工程特点见图3-4。

工程具有多样性和固定性的特点。每一工程几乎都有它的独特形式和结构，需要一套单独的设计图纸，在建设时，要采用不同的施工方法和施工组织。即使采用相同的标准设计，也由于必须在指定的地点建造，以致它们的地形、地质、水文等自然条件和交通、材料资源等社会条件有所不同，在建造时，往往需要对设计图纸以及施工方法、施工组织等作适当改变

基础设施、建筑安装等工程的施工属于单件生产，在对工程组织成本核算时，必须采用定单成本核算法，即按照各项工程进行分别核算成本的方法

凡是可以直接计入各项工程的生产费用，应直接计入各项工程成本

凡是不能直接计入各项工程而应由有关工程共同负担的生产费用，要先按照发生地点先行归集，然后按照一定的标准，定期分配计入有关工程成本

图3-4　自营工程特点

按定单成本核算法核算工程成本，必须确定工程成本计算的对象。工程成本核算的对象，通常是具有工程预算的单位工程。因为单位工程是编制工程预算、工程进度计划的对象。根据单位工程来组织工程成本

核算，便于反映工程预算的执行结果，分析工程成本超降的原因，及时反映施工活动的经济效益。见表 3-11。

表 3-11　可简化工程核算手续的情况

核算方法	具体事项
可以简化工程成本核算手续，合并核算成本然后按照各单位工程预算造价的比例，求得各单位工程的实际成本	（1）在同一施工地点、同一结构类型、开竣工时间相接近的各个单位工程
	（2）在同一工地上施工的几个预算造价较小的工程

为了便于核算各项工程成本和分清工程成本超降的原因，必须对生产费用按照经济用途加以分类。施工单位的生产费用按照经济用途，一般应分为表 3-12 所示几类。

表 3-12　施工单位的生产费用按经济用途归类及含义

类别	含义
材料费	指在施工过程中所耗用的构成工程实体的材料、结构件的实际成本以及周转材料的摊销和租赁费
人工费	指直接从事工程施工工人（包括施工现场制作构件工人，施工现场水平、垂直运输等辅助工人，但不包括机械施工人员）的工资、奖金、津贴和职工福利费
机械使用费	指在施工过程中使用施工机械所发生的费用，包括机上操作人员工资，职工福利费，燃料动力费，机械折旧、修理费，替换工具及部件费，润滑及擦拭材料费，安装、拆卸及辅助设施费，养路费，牌照税，使用外单位施工机械的租赁费，以及按照规定支付的施工机械进出场费
其他直接费用	指现场施工用水、电、蒸汽费，冬雨季施工增加费，夜间施工增加费，土方运输费，材料二次搬运费，生产工具用具使用费，工程定位复测费，工程点交费，场地清理费等
施工间接费用	指施工单位为组织和管理工程施工所发生的全部支出，包括施工单位管理人员工资、职工福利费、办公费、差旅交通费、行政管理用固定资产折旧修理费、低值易耗品摊销、财产保险费、劳动保护费、民工管理费等。如搭建为工程施工所必需的生产、生活用的临时建筑物、构筑物及其他临时设施，还包括临时设施摊销费

上述材料费、人工费、机械使用费和其他直接费用，由于直接耗用于工程的施工过程，叫做直接费用，可以直接计入“工程施工”科目和各项工程成本。施工间接费用由于属于组织和管理工程施工所发生的各项费用，要按照一定标准分配计入各项工程成本，叫做间接费用，在核算上应先将它计入“施工间接费用”科目，然后按照一定标准分配计入各项工程成本。

二、自营工程成本中材料费的归集和分配

（一）材料费的概念及内容

自营工程成本中的“材料费”项目，包括在施工过程中耗用、构成工程实体或有助于工程形成的各种主要材料、结构件的实际成本以及周转材料的摊销及租赁费。

（二）材料费用的会计核算方法及其归集

施工企业建筑安装活动中需要耗费大量的材料，材料品种非常多，大堆材料比重大，各工程往往在同一施工现场，同一时间进行施工。因此，材料费的分配应按照材料费领用的不同情况进行归集分配，并建立健全材料物资的管理制度。材料费用的归集见表3-13。

表3-13　材料费用的归集

情况	归集方法
凡能点清数量和分清用料对象的，能直接用于工程的材料，如钢材、木材、冰泥	通常都可分别按成本核算对象直接计入各工程成本的材料费项目中
凡能点清数量、集中配料或统一下料的，如油漆、玻璃、木材等	应在领料凭证上注明“工程集中配料”字样，月末由材料管理人员或领用部门，根据用料情况，结合材料消耗定额，编制“集中配料耗用分配表”，在各成本核算对象之间分配
凡不能点清数量，也难以分清用料对象的一些大堆材料，如砖、瓦、白灰、砂石等，几个单位工程共同使用	先由材料员或领料部门验收保管，月末实地盘点结存数量，然后根据月初结存数量与本月进料数量，倒轧本月实际数量，结合材料耗用定额，编制“大堆材料耗用计算单”，据以计入各成本核算对象

（续表）

情况	归集方法
对于其他不能点清数量的材料	用于辅助生产部门、机械作业部门的各种材料应分别计入“辅助生产”、“机械作业”账户的借方
实行材料节约的	应按材料节约的数额直接计入各成本核算对象
成本计算期内已办理领料手续，但没有全部耗用的材料	应在期末进行盘点，填制“退料单”，作为办理退料的凭证，据以冲减本期材料费。工程施工后的剩余材料，应填制“退料单”，办理退料手续。施工过程中发生的残次料和包装物等，应尽量回收利用，并填制“废料交库单”估价入账，并冲减工程材料费
周转材料	应根据各个工程成本核算对象在用的数量，按照规定的摊销方法计提当月的摊销额，并编制各种“周转材料摊销计算表”。月末，财会部门必须严格审核各种领退料凭证，并根据各种领料凭证、退料凭证及材料成本差异，编制“材料费用分配表”，计算受益对象应分配的材料费

（三）材料费用的分配

材料费用的分配，就是定期地将审核后的领料凭证，按材料的用途归类，并将材料费用分别计入工程成本和其他费用项目。

周转材料应按受益的工程项目采用适当的方法计算摊销额计入各工程成本。租用周转材料的租赁费应直接计入受益工程项目。

低值易耗品的摊销可直接计入工程成本，应计入“工程施工”、“机械作业”等账户的借方，如摊销数额较大，则应先计入“待摊费用”账户，分期计入上述各账户。

材料费用的分配一般是根据各种领料凭证按各个成本计算对象汇总编制“材料费用分配表”，汇总计算各成本计算对象耗用材料计划成本和分摊的材料成本差异。据以计入各项工程成本的材料费项目。

【例3-5】 材料费用分配的会计核算

2×19年5月，东方地产公司第一工程处根据审核无误的各种领料凭证、大堆材料耗用分配表、周转材料摊销分配表等汇总编制的“材料费用分配表”，见表3-14。

 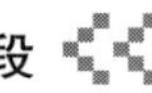

表 3-14　材料费用分配表

单位：第一工程处　　　　2×19 年 5 月　　　　单位：元

工程成本核算对象	主要材料								水泥预制件		其他材料		合计		
	钢材		水泥		其他主要材料		合计								
	计划成本	成本差异	计划成本	成本差异	计划成本	成本差异	计划成本	成本差异	计划成本	成本差异	计划成本	成本差异	计划成本	成本差异	
		-1%		2%		-4%		1.5%		-1%		5%		超支	节约
甲工程	120 000	-1 200	50 000	1 000	15 000	-600	185 000	2 775	350 000	-3 500	8 000	400	543 000	3 175	-3 500
乙工程	90 000	-900	30 000	600	12 000	-480	132 000	1 980	70 000	-700	3 000	150	205 000	2 130	-700
合计	210 000	-2 100	80 000	1 600	27 000	-1 080	317 000	4 755	420 000	-4 200	11 000	550	748 000	5 305	-4 200

根据“材料费用分配表”资料，作如下会计分录。

(1) 确认甲工程应承担的各种材料费用：

借：工程施工——甲工程——材料费　　543 000
　　贷：原材料——主要材料　　185 000
　　　　　　——结构件　　350 000
　　　　　　——其他材料　　8 000

(2) 对甲工程应该承担的材料成本差异进行调整：

借：工程施工——甲工程——材料费　　3 175
　　贷：材料成本差异——主要材料　　2 775
　　　　　　　　——其他材料　　400
借：材料成本差异——结构件　　3 500
　　贷：工程施工——甲工程——材料费　　3 500

(3) 确认乙工程应承担的各种材料费用：

借：工程施工——乙工程——材料费　　205 000
　　贷：原材料——主要材料　　132 000
　　　　　　——结构件　　70 000
　　　　　　——其他材料　　3 000

(4) 对乙工程应该承担的材料成本差异进行调整：

借：工程施工——乙工程——材料费　　2 130
　　贷：材料成本差异——主要材料　　1 980
　　　　　　　　——其他材料　　150
借：材料成本差异——结构件　　700
　　贷：工程施工——乙工程——材料费　　700

三、自营工程成本中人工费的归集和分配

（一）人工费的概念和内容

自营工程成本中的“人工费”是指在施工过程中直接参加施工生产的建筑安装工人以及在施工现场直接为工程制作构件和运料、配料等辅助生产工人的工资、工资性津贴、职工福利费、劳动保护费等。具体内容见表3-15。

表3-15　人工费的相关内容

事项	内容
基本工资	按照规定的标准计算的工资，在结构工资制下包括基础工资、职务工资和工龄津贴，是职工的基本收入，基本工资又可分为计时工资和计件工资两种形式
经常性奖金	指对完成和超额完成工作量以及有关经济技术指标的职工而支付的各种奖励性报酬。如超产奖、质量奖、安全（无事故）奖、考核各项经济技术指标的综合奖、提前竣工奖、年终奖、节约奖、劳动竞赛奖等
津贴	指为了补偿职工额外或特殊的劳动消耗，鼓励职工安心于劳动强度大、条件艰苦的工作岗位而支付给职工的各种津贴。如高空津贴、井下津贴、野外津贴、夜班津贴和技术性津贴等
补贴	指为了保证职工的工资水平不受物价的影响而支付给职工的各种物价补贴
加班加点工资	指按规定支付给职工的加班工资和加点工资
特殊情况下支付的工资	指根据国家法律、法规和政策的规定，在非工作时间内支付给职工的工资和其他工资

（二）人工费的归集与分配

人工费用计入成本的方法，一般应根据企业实行的具体工资制度确定，具体规定见图3-5。

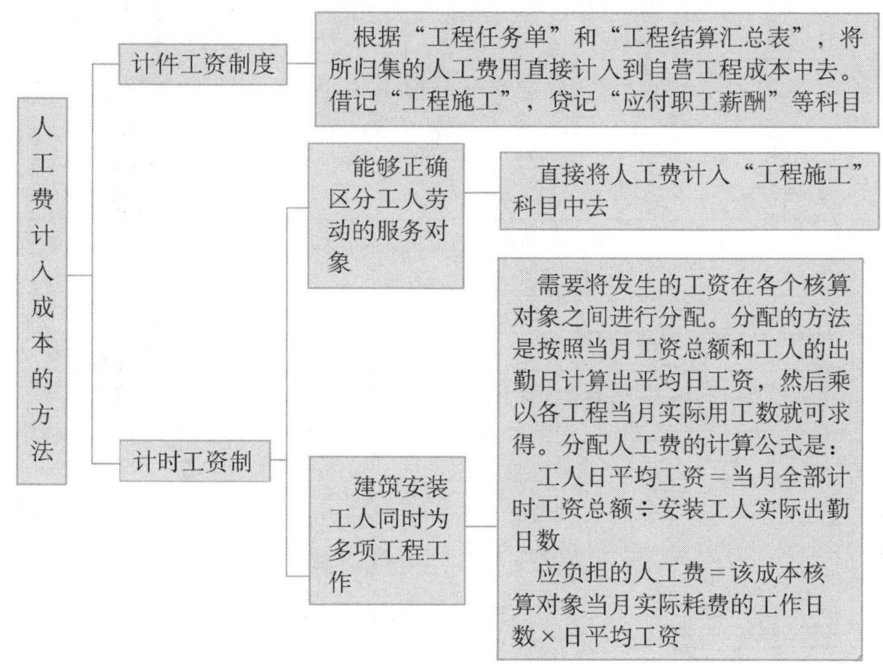

图 3-5　人工费计入成本的方法

【例 3-6】　人工费归集与分配的会计核算

2×19 年 5 月，东方地产公司第一工程处本年度有甲、乙两个单位工程，分别计算工程成本。本月发生的人工资料如下：

（1）本月为折弯钢筋件支付的计件工资 24 000 元，这批钢筋件甲工程耗用 5 吨，乙工程耗用 3 吨。

工资分配标准 = 24 000/（3 + 5）= 3 000（元）

计件工资可以明确的归属到甲、乙两个工程中，人工费分配见表 3-16。

表 3-16　人工费分配表（计件工资）

单位：第一工程处　　2×19 年 5 月　　金额单位：元

计件工资项目	甲工程	乙工程
钢筋折弯工资	15 000	9 000
合计	15 000	9 000

（2）本月发生计时工资60 000元，其中甲工程耗用2 200工时，乙工程耗用1 800工时。计时工资分配见表3-17。

表3-17　人工费分配表（计时工资）

单位：第一工程处　　　　2×19年5月　　　　金额单位：元

成本核算对象	耗用工时	平均工时工资	分配人工费
甲工程	2 200	15	33 000
乙工程	1 800		27 000
合计	4 000		60 000

注：表中，平均工时工资=60 000/(2 200+1 800)=15(元/工时)。

根据上述“人工费分配表”，作如下会计分录：

借：工程施工——甲工程（人工费）　　48 000

　　　　　　——乙工程（人工费）　　36 000

　贷：应付职工薪酬——职工工资　　84 000

四、机械使用费的归集和分配

工程成本项目中的“机械使用费”指建筑安装工程施工过程中使用施工机械所发生的费用（包括机上操作人员人工费，燃料、动力费，机械折旧、修理费，替换工具及部件费，润滑及擦拭材料费，安装、拆卸及辅助设施费，养路费，牌照税，使用外单位施工机械的租赁费，以及保管机械而发生的保管费等）和按照规定支付的施工机械进出场费等。

（一）施工机械的管理

目前，对施工机械的管理一般分为对中小施工机械和大型施工机械两种管理方法，详情见表3-18。

表3-18　施工机械的管理方法

类别	管理方法
一般中小型机械加小型挖土机、机动翻斗车、混凝土搅拌机、砂浆搅拌机等	由土建施工单位使用并负责管理
大型机械和数量不多的特殊机械设备如大型挖土机、推土机、压路机、大型吊车、升板滑模设备等	由机械施工单位负责管理，根据各土建施工单位施工的需要，由机械施工单位进行施工，或将机械租给土建施工单位，向土建施工单位结算机械台班费或机械租赁费

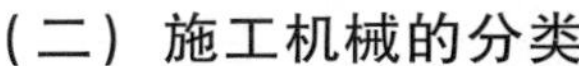

（二）施工机械的分类

企业使用的施工机械可分为租赁的（包括向企业外部和向企业内部独立核算的机械供应站租赁）和自行管理的两种，它们的会计核算方法不同。对于施工企业各工程项目租赁施工机械而支出的租赁和进出场费，应根据结算账单直接计入有关各工程成本“机械使用费”项目，不通过“机械作业”账户。借记“工程施工”，贷记“银行存款”。

对于自有施工机械，其使用过程中发生的费用应首先按机组或单机归集，计算每台班的实际成本，然后根据各个成本核算对象使用台班数，确定应计入各成本核算对象的机械使用费。进行机械作业所发生的各项费用的归集和分配，通过“机械作业”账户进行，并按照机械设备的类别设置明细账，按规定的成本项目归集费用。费用项目的确定通常应和机械台班预算定额的构成内容一致，以便计算出的台班实际成本与定额进行比较，费用发生计入该账户的借方；月末根据归集的费用和设备作业时间计算各类机械的台班成本或按适当的标准分配计入各项工程成本的“机械使用费”项目，同时计入“机械作业”账户的贷方。

（三）机械使用费包括的内容

为了便于与预算数对比分析，机械使用费的内容要和机械台班费定额中规定的内容相同，一般包括表 3-19 所示内容。

表 3-19 机械使用费的相关内容介绍

项目	定义
人工费	指施工设备操作人员的工资和福利费
燃料、动力费	指施工机械耗用的燃料、动力费
材料费	指施工机械耗用的润滑材料和擦拭材料等
折旧修理费	指对施工机械计提的折旧费、大修理费用摊销和发生的经常性修理费，以及租赁施工机械的租赁费
替换工具、部件费	指施工机械上使用的传动皮带、轮胎、胶皮管、钢丝绳、变压器、开关、电线、电缆等替换工具和部件的摊销和维修费

（续表）

项目	定义
运输装卸费	指将施工机械运到施工现场、远离施工现场（若运往其他现场，运出费用由其他施工现场的工程成本负担）和在施工现场范围内转移的运输、安装、拆卸及试车等费用
辅助设施费	指为使用施工机械而建造、铺设的基础、底座、工作台、行走轨道等费用。施工机械的辅助设施费，如果数额较大，也应先计入“待摊费用”、“递延资产”或“长期待摊费用”科目，然后按照在现场内施工的期限，分次从“待摊费用”、“递延资产”或“长期待摊费用”科目转入“机械作业”或“开发成本——机械作业成本”科目，摊入各月工程成本
养路费、牌照税	指为施工运输机械（如铲车等）交纳的养路费和牌照税
间接费用	指机械施工单位组织机械施工、保管机械发生的费用和停机棚的折旧、维修费等。如果是内部独立核算单位，应设置间接费用明细分类账，进行明细分类核算

注：至于施工机械所加工的各种材料，如搅拌混凝土时所用的水泥、砂、石等，应计入工程成本的“材料费”项目，为施工机械担任运料、配料和搬运成品的工人的工资，应计入工程成本的“人工费”项目。

（四）机械使用费的分配方法

1. 实际台时法

按施工机械的实际台时（或完成工程量）分配机械使用费。

月末，根据各类机械明细账借方发生额及实际作业台班数计算台班成本，编制“机械使用费分配表”，并计入“工程施工”账户借方及工程成本计算单的“机械使用费”项目内；同时计入“机械作业”账户贷方；当月“机械作业”账户发生的费用一般当月分配完毕，月末没有余额。

【例 3-7】 机械使用费的会计核算（实际台时法）

2×19 年 6 月，东方地产公司第一工程处的一台吊车和一台铲车分别对本公司的甲、乙两处工程进行了机械作业。机械作业——吊车机械使用费明细科目的借方发生额为 47 380 元，吊车实际作业情况为甲工程 132 小时，乙工程 68 小时。机械作业——铲车机械使用费明细科目的借方发生额为60 000元，铲车实际作业情况为甲工程90小时，乙工程160小时。

请编制机械使用费分配表，并进行相应的账务处理。

表3-20　机械使用费分配表

2×19年6月份　　　　单位：元

受益对象	吊车			铲车			合计
	台班数	每台班成本	金额	台班数	每台班成本	金额	
甲工程	132	236.90	31 270.80	90	240	21 600.00	52 870.80
乙工程	68		16 109.20	160		38 400.00	54 509.20
合计	200		47 380.00	250		60 000.00	107 380.00

（1）依据机械使用费分配表，对甲工程应分摊的机械使用费进行如下账务处理：

借：工程施工——甲工程（机械使用费）　　52 870.80

　贷：机械作业——吊车　　31 270.80

　　　　　　——铲车　　21 600.00

（2）依据机械使用费分配表，对乙工程应分摊的机械使用费进行如下账务处理：

借：工程施工——乙工程（机械使用费）　　54 509.20

　贷：机械作业——吊车　　16 109.20

　　　　　　——铲车　　38 400.00

2. 比例调整法

先按机械的计划台时费对机械使用费进行分配，然后依据计划机械使用费与实际机械使用费之间的比值调整为实际机械使用费的方法。

为了简化计算手续，对于各种中型施工机械的机械使用费，可在月终先根据“机械使用月报”中各种机械的工作台时（或完成工程量）合计和该种机械台时费计划数，算出当月按台时费计划数计算的机械使用费合计，再计算实际发生的机械使用费占按台时费计划数计算的机械使用费计划数合计的百分比，然后将各个成本计算对象按台时费计划数计算的机械使用费计划数，按算得的百分比加以调整：

公式1：按台时费计划数计算的机械使用费合计 = ∑（机械工作台时合计×该机械台时费计划数）

公式2：某项工程应分配的机械使用费 = ∑（该项工程使用机械的工作台时×机械台时费计划数）×（实际发生的机械使用费/按台时费计划数计算的机械使用费合计）

操作步骤：（1）确定各种施工机械每种台时费计划数；（2）求出各种施工机械按台时费计划数计算的机械使用费合计；（3）根据“机械作业明细分类账”汇总计算实际发生的机械使用费；（4）计算机械使用费实际数占按台时费计划数计算的百分比；（5）将各成本计算对象按台时费计划数计算的机械使用费按算得的百分比加以调整；（6）做出相关机械使用费分配的会计分录。

【例3-8】 机械使用费的会计核算（比例调整法）

东方地产公司机械施工的情况见表3-21，2×19年6月该企业“机械作业明细分类账”汇总计算实际发生的机械使用费为37 560元。

表3-21 机械使用费资料

2×19年6月份

施工机械名称	计划台时费（元/台时）①	本期实际使用台时（台时）②	合计 ③=①×②	实际机械施工费
履带挖土机	50	380台时（其中：甲工程280台时，乙工程70台时，丙工程30小时）	19 000	23 600
混凝土搅拌机	15	180台时（其中：甲工程90台时，B工程40台时，丙工程50台时）	2 700	2 500
吊车	80	120台时（其中：甲工程80台时，乙工程40台时，丙工程0台时）	9 600	11 460
合计			31 300	37 560

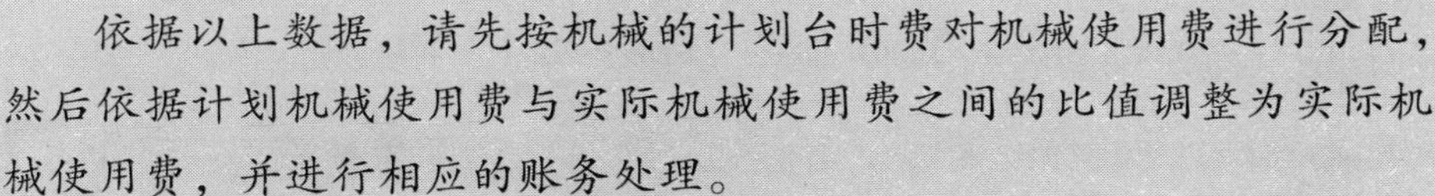

依据以上数据，请先按机械的计划台时费对机械使用费进行分配，然后依据计划机械使用费与实际机械使用费之间的比值调整为实际机械使用费，并进行相应的账务处理。

计算与处理的步骤如下：

（1）各种施工机械按台时费计划数计算的机械使用费合计为31 300元。

（2）该企业“机械作业明细分类账”汇总计算实际发生的机械使用费为37 560元。

（3）机械使用费实际数占按台时费计划数计算的百分比＝37 560/31 300＝1.2。

（4）各成本计算对象按台时费计划数计算的机械使用费，按算得的百分比加以调整后可得表3-22。

表3-22　机械使用费分配表

2×19年6月　　单位：元

工程名称	履带挖土机			混凝土搅拌机			吊车			按计划数计算的机械使用费总额	调整比例	调整后的机械使用费
	计划数（元/台时）	实际台时	总费用	计划数（元/台时）	实际台时	总费用	计划数（元/台时）	实际台时	总费用			
甲工程	50	280	14 000	15	90	1 350	80	80	6 400	21 750	1.2	26 100
乙工程		70	3 500		40	600		40	3 200	7 300		8 760
丙工程		30	1 500		50	750			0	2 250		2 700
合计		380	19 000		180	2 700		120	9 600	31 300		37 560

根据表3-23，机械使用费分配的会计分录为：

借：工程施工——甲工程　　26 100

　　　　　　——乙工程　　8 760

　　　　　　——丙工程　　2 700

　　贷：机械作业——挖土机　　23 600

　　　　　　　　——搅拌机　　2 500

　　　　　　　　——吊车　　11 460

五、自营工程成本中辅助生产费用的归集和分配

地产企业一般都设置若干个非独立核算的辅助生产部门。辅助生产部门主要是为工程施工服务，包括机修车间、木工车间、供水站、供电站、混凝土搅拌站、运输队等，为工程施工、管理部门和企业内部其他部门提供产品（如材料、构件、水、电等）和劳务（设备维修、安装）等。

辅助生产部门所发生的各项费用首先通过“开发成本——辅助生产”账户进行归集和分配，并按辅助生产车间、单位和产品、劳务的品种三级明细账归集费用。

对于辅助生产费用金额较大，业务发生频繁的企业，在不违反会计准则确认、计量和报告规定的前提下，也可以根据本单位的实际情况单独设立“辅助生产”科目，本书就采用了这种方式。

辅助生产费用发生后，计入该账户的借方，月末根据归集的费用计算产品、劳务的总成本和单位成本，然后再按各工程和部门的受益数量分配计入各项工程成本、机械作业成本以及其他费用项目中，同时计入“辅助生产”账户贷方。期末若有借方余额，为在产品实际成本。

辅助生产费用常用的分配方法有直接分配法、一次交互分配法、计划成本分配法和代数分配法等。由于施工企业辅助生产一般规模较小，品种比较单一，各辅助生产单位之间相互服务数量也较少，因此，多采用直接分配法。

所谓直接分配法就是将各辅助生产单位实际发生的全部费用，直接分配给辅助生产单位以外的各受益单位，而不考虑各辅助生产单位之间相互提供服务的一种分配方法。

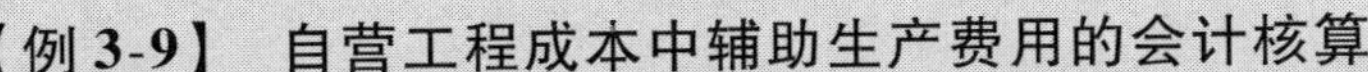

【例 3-9】　自营工程成本中辅助生产费用的会计核算

东方地产公司运输队本月发生各种费用共 261 900 元，已根据有关凭证登记入账，见表 3-23 辅助生产费用明细账。

该公司发生辅助生产费用时，进行的账务处理如下：

借：辅助生产　261 900
　　贷：原材料　134 500
　　　　应付职工薪酬　71 800
　　　　累计折旧　51 800
　　　　工程施工——其他直接费用　1 600
　　　　制造费用　2 200

表 3-23　辅助生产费用明细账

类别：运输费　　2×19 年 6 月份　　单位：元

日期		凭证及摘要	借方						贷方
月	日		人工费	燃料及动力费	折旧及修理费	其他直接费用	间接费用	合计	
		材料分配表		134 500		1 600		136 100	
		折旧计算表			17 200			17 200	
		修理费			33 800			33 800	
		低值易耗品摊销			800			800	
		工资分配表	71 800					71 800	
		分配制造费用					2 200	2 200	
		分配运输费							261 900
		合计	71 800	134 500	51 800	1 600	2 200	261 900	261 900

月末，根据各辅助生产明细账借方发生额及实际提供的产品、劳务数量，编制辅助生产费用分配表，见表 3-24。

表 3-24 辅助生产费用分配表

类别：运输费　　2×19 年 6 月份　　单位：元

受益对象	受益数量（吨公里）	分配系数	金额
甲项目部	18 580	5 元/吨公里	92 900
乙项目部	12 380		61 900
其中：1 号工程	9 120		45 600
2 号工程	3 260		16 300
公司总部	21 420		107 100
合计	52 380		261 900

根据分配表作如下会计分录：

借：工程施工——甲项目部　　92 900

　　　　　　——乙项目部　　61 900

　　管理费用　　107 100

　　贷：辅助生产　　261 900

六、其他直接费用的归集和分配

其他直接费用是指不包括在人工费、材料费、机械使用费项目内、预算定额以外，在施工现场发生的材料二次搬运费、临时设施摊销费、生产工具用具使用费、检验试验费、工程定位复测费、工程点交费及场地清理费等。

施工企业发生的其他直接费用，凡是能分清成本对象的，应直接计入各受益的工程成本核算对象下的“其他直接费用”项目中。当几个工程共同发生，不能直接确定成本核算对象的其他直接费，可以先行汇总在“其他直接费用”明细账中归集，并按照定额用量预算费用或以工程的工料成本作为分配基数，月末或竣工时编制“其他直接费用分配表”分配计入各成本核算对象。

【例 3-10】 其他直接费用的会计核算

东方地产公司第一工程处，本月发生其他直接费用19 000 元。其中分配给 1 号工程 12 000 元，2 号工程 7 000 元。账务处理程序如以下：

借：工程施工——1 号工程 12 000

——2 号工程 7 000

贷：工程施工——其他直接费用 19 000

七、间接费用的归集和分配

（一）间接费用的内容

建筑安装工程成本中除了各项直接费用外，还包括企业所属各施工单位，如工程处、施工队、项目经理部为施工准备、组织和管理施工生产所发生的各项费用。这些费用不能直接确定其归属，因而无法直接计入各个成本计算对象。为了简化核算手续，可先计入“工程施工——间接费用”或“开发成本——工程施工成本——间接费用”科目，然后按照适当的分配标准，计入各项工程成本。

为了编制施工单位间接费用计划、组织间接费用的明细分类核算，以便据以考核费用预算的执行结果、分析各项费用增减变动的原因，进一步节约费用开支、降低工程成本，间接费用应按有关规定分设表 3-25 所示的明细项目。

表 3-25 间接费用明细项目含义及相关内容

明细项目	具体含义及相关内容
临时设施摊销费	为保证施工和管理的正常进行而建造的各种临时性生产和生活设施，如临时宿舍、文化福利及公用设施，仓库、办公室、加工厂，以及规定范围内道路、水、电管线等临时设施的摊销费（详见第十一章第六节）
管理人员工资	施工单位管理人员的工资、奖金和津贴
职工福利费	按照施工单位管理人员工资总额的 14% 提取职工福利费

（续表）

明细项目	具体含义及相关内容
劳动保护费	用于施工单位职工的劳动保护用品和技术安全设施的购置、摊销和修理费，供职工保健用的解毒剂、营养品、防暑饮料、洗涤肥皂等物品的购置费或补助费，以及工地上职工洗澡、饮水的燃料费等
办公费	施工单位管理部门办公用的文具、纸张、账表、印刷、邮电、书报、会议、水电、烧水和集体取暖（包括现场临时宿舍取暖）、用煤等费用
差旅交通费	施工单位职工因公出差期间的旅费、住勤补助费，市内交通费和误餐补助费，职工探亲路费，劳动力招募费，职工离退休、退职一次性路费，工伤人员就医路费，工地转移费，以及现场管理使用的交通工具的油料、燃料、养路费及牌照费等
折旧费	施工单位施工管理和试验部门等使用属于固定资产的房屋、设备、仪器，以及不实行内部独立核算的辅助生产单位厂房等的折旧费
修理费	施工单位施工管理和试验部门等使用属于固定资产的房屋、设备、仪器，以及不实行内部独立核算的辅助生产单位厂房等的经常修理费和大修理费
工具用具使用费	施工单位施工管理和试验部门等使用不属于固定资产的工具、器具、家具和检验、试验、测绘、消防用具等的购置、摊销和维修费
保险费	施工管理用财产、车辆保险费，以及海上、高空、井下作业等特殊工种安全保险费
工程保修费	工程竣工交付使用后，在规定保修期内的修理费用应采用预提方式计入
其他费用	上列各项费用以外的其他间接费用，如工程排污费等

从间接费用明细项目中，可以看出它与材料费等变动费用不同。间接费用属于相对固定的费用，其费用总额并不随着工程量的增减而成比例的增减。但就单位工程分摊的费用来说，随着工程数量的变动成反比例的变动，即完成工程数量增加，单位工程分摊的费用减少；反之，完成工程数量减少，单位工程分摊的费用增加。因此，超额完成工程任务可降低工程成本。

（二）间接费用的归集和分配

1. 间接费用的归集和分配标准

间接费用属于共同费用，难以分清受益对象。为了归集和分配间接费用，企业应在“制造费用”账户下进行核算，汇总本期发生的各项间接费用，并按费用项目进行明细核算。间接费用的归集和分配详见表3-26。

表3-26 间接费用的归集和分配

会计处理	分配标准
间接费用的归集。当间接费用发生时计入“制造费用”科目的借方；月末将归集的费用采用一定的标准全数分配，借记相应的工程成本项目，贷记“制造费用”科目，月末没有余额	间接费用的分配标准。（1）土建工程一般应以工程成本的直接费用作为分配标准；（2）安装工程应以安装工程的人工费用作为分配标准。在实际工作中，由于施工单位施工的工程往往有土建工程和安装工程，有时辅助生产单位生产的产品或劳务可能会对外销售，所以施工单位的间接费用一般要经过二次分配，一次是在不同类的工程、劳务和作业间进行分配，一次是在同类的工程、劳务和作业间进行分配

2. 间接费用的二次分配

间接费用的二次分配内容见表3-27。

表3-27 间接费用的二次分配

事　项	内　　容
第一次分配	第一次分配是将发生的全部间接费用在不同类的工程、劳务和作业间进行分配。一般是以各类工程、劳务和作业中的人工费为基础进行分配
	计算公式如下： 间接费用分配率＝间接费用总额/各类工程（劳务、作业）成本中人工费总额×100% 某类工程应分配的间接费用＝该类工程成本中的人工费×间接费用分配率

（续表）

事　项	内　　容
第二次分配	第二次分配是将第一次分配到各类的工程间接费用再分配到本类的工程、劳务和作业中去。第二次分配是按各类工程、劳务和作业发生的直接费或人工费为基础进行分配的
	其计算公式如下： （1）土建工程：以工程的直接成本（即人工费、材料费、机械使用费、其他直接费用之和）实际发生数或已完工程直接费预算数为标准进行分配。 间接费用分配率 = 建筑工程分配的间接费总额/全部土建工程直接费用总额 ×100% 某土建工程应分配的间接费用 = 该土建工程直接费用 × 间接费用分配率 （2）安装工程：以工程实际发生的人工费或已完工程人工费预算数作为标准分配。 间接费用分配率 = 安装工程应分配的间接费总额/各安装工程人工费总额 ×100% 某安装工程应分配的间接费用 = 该安装工程人工费 × 间接费用分配率

在实际核算工作中，对于间接费用的分配，若已给出间接费用定额，也可采用先计算本月实际发生的间接费用与按间接费用定额计算的间接费用的百分比，再将各项建筑安装工程按定额计算的间接费用进行调整。即：某项工程本月应分配的间接费用 = 该项工程本月实际发生的直接费或人工费 × 该项工程规定的间接费用定额 × 本月实际发生的间接费用/Σ（各项工程本月实际发生的直接费或人工费 × 各项工程规定的间接费用定额）。

【例 3-11】　间接费用的会计核算

东方地产公司道路工程处在 2×19 年 6 月只有甲、乙两处建筑工程，没有安装工程和劳务。本月间接费用的发生情况见表3-28。该公司的间接费用采用直接分配法，按照各个工程项目所耗费的直接费用为依据进行分配，本月甲工程发生直接费用 1 500 000 元，乙工程发生直接费用 1 300 000 元。

请编制间接费用分配表，并进行相应的会计处理。

表 3-28　间接费用明细账

单位名称：道路工程处　　　　单位：元

日期		凭证及摘要	借方										贷方
月	日		工作人员工资	奖金	职工福利费	办公费差旅费	固定资产及工具使用费	劳动保护费	工程保修费	财产保险费	其他	合计	
6	9	工资汇总分配表	25 800	32 500								58 300	
6	12	以银行存款支付				12 000		9 290	12 600	7 465	1 700	43 055	
6	15	以现金支付费用				6 825		4 394	12 806			24 025	
6	30	折旧计算表					6 800					6 800	
6	30	低耗品摊销表						1 620				1 620	
6	30	材料汇总分配表					6 200					6 200	
6	30	分配间接费用											140 000
		合计	25 800	32 500	0	18 825	13 000	15 304	25 406	7 465	1 700	140 000	140 000

会计处理见表 3-29。

表 3-29　间接费用分配表

2×19 年 6 月份　　　　单位：元

工程项目	直接费用	分配系数	金　额
甲工程	1 500 000	0.05	75 000
乙工程	1 300 000		65 000
合计	2 800 000		140 000

分配系数 = 140 000/2 800 000 = 0.05

根据分配表作会计分录：

借：工程施工——甲工程　　75 000

　　　　　　——乙工程　　65 000

　贷：制造费用　　140 000

八、自营工程成本核算程序小结

为了核算各项自营工程的实际成本，会计部门在接到施工部门的开工报告后，要根据有关成本核算对象的说明，为各单位工程或同类工程开设表3-30所示的“工程施工成本明细分类账”，用以记录各项工程的成本。同时不论工程施工期限的长短，都须等到工程完工计入各项成本以后，工程成本明细分类账的记录方为完整。

表3-30 工程施工成本明细分类账

施工单位：第一工程处		工程结构：混合
工程面积：4 000 m^2	工程造价：2 400 000元	工程编号名称：101
商品房计划施工期限：开工：2010年4月10日		完工：2018年12月31日
实际施工期限：开工：2018年4月10日		

工程施工成本明细分类账中各成本项目的实际成本，根据上述耗用材料分配表、人工费分配表、机械使用费分配表、水电风汽运输费用分配表、施工间接费用分配表等计入。对于月份内各项工程发生的实际成本，应在月终将其自“工程施工”科目的贷方转入“开发成本”的借方。

现将自营工程成本核算程序归纳如下，见图3-6。

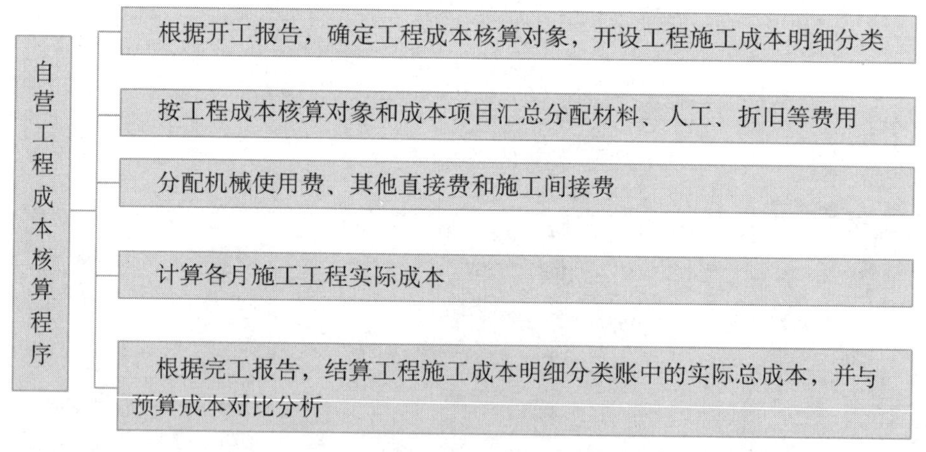

图3-6 自营工程成本核算程序

第七节　发包开发工程及其价款结算的核算

房地产开发企业的基础设施和建筑安装等工程的施工，如不采用自营方式，可以采用发包方式。

对发包的基础设施和建筑安装工程，一般采用招标、议标方式，通过工程公开招标或邀请施工企业议标，将工程发包给施工企业的，按工程标价进行结算。开发企业要根据工程承包合同条例的规定，同承包工程的施工企业签订工程承包合同。承包合同是发包开发企业和承包施工企业为了完成承发包工程，根据批准的设计文件和中标标函内容所签订的明确双方权利义务关系的协议。

承包合同具备的内容：（1）工程名称和地点；（2）工程范围和内容；（3）开、竣工日期；（4）工程质量、保修期及保修条件；（5）工程造价；（6）工程价款的支付、结算及交工验收办法；（7）设计文件和技术资料提供日期；（8）材料、设备的供应和进场期限；（9）双方相互协作事项和违约责任等。

开发企业应将承包合同副本送开户银行作为结算工程价款的依据。

一、工程价款结算的办法

开发企业与施工企业在工程承包合同中规定的工程价款结算，应根据国家有关工程价款结算办法，结合当地的有关规定具体确定。从目前各个地区所采用的工程价款结算办法来看，主要有如下 3 种。见图 3-7。

不论采用何种结算办法，施工期间结算的工程价款一般都不得超过承包工程合同价值的 95% 。结算双方可以在 5% 的幅度内协商确认尾款比例，并在工程承包合同中订明。尾款应专户存入银行，待工程竣工验收后清算。但如果承包施工企业已向开发企业出具履约保函或其他保证的，可以不留工程尾款。

由承包施工企业在开工前储备工程施工所需主要建筑材料、结构件的，发包开发企业可根据承包施工企业的要求，在签订工程承包合同后

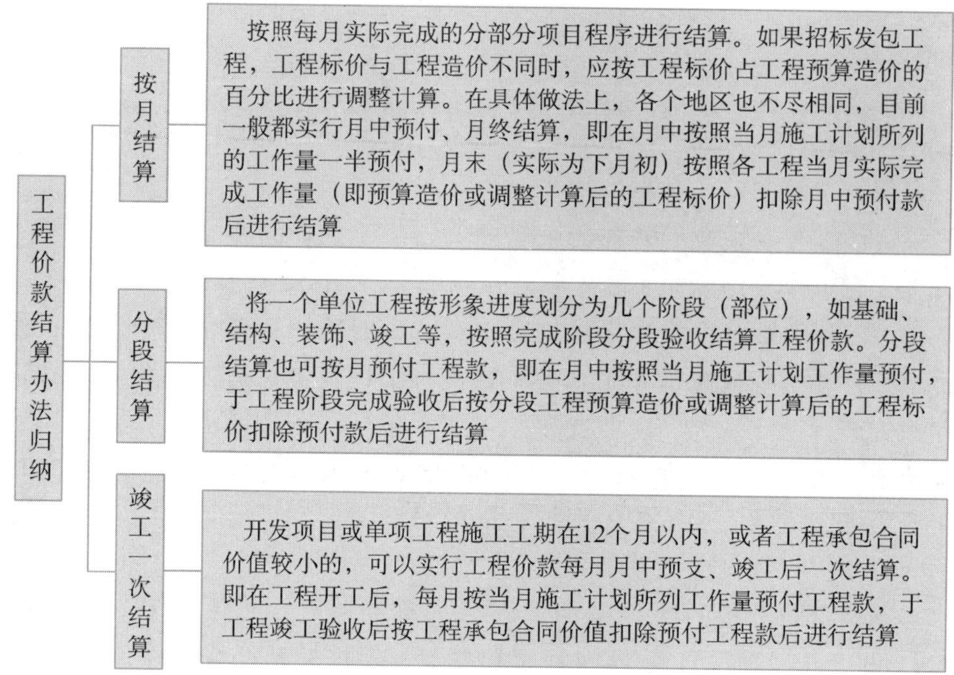

图 3-7　工程价款结算办法归纳

按年度发包工程总值的一定比例向承包施工企业预付备料款，于后期以抵充工程价款的形式陆续扣回。

实际工作中，预付备料款的额度和扣回办法，在各个地区并不完全相同，当材料储备数为 4 个月、材料费比重占工程造价 75% 的情况下，预付备料款的额度应为当年工程价值的 25% 。在累计已完工程价值达到当年发包工程价值的 50% 时，就可将超过发包工程价值 50% 部分的工程价款的 50% 抵作预付备料款扣回。即相当于发包工程价值 25% （50% × 50% ）的全部预付备料款。不过随着生产资料的开放，施工所需的建筑材料、结构件，一般可从当地市场随时采购，今后也就没有必要再预付备料款了。

二、应付工程款和预付备料款、工程款的核算

开发企业与施工企业有关发包工程款和预付备料款、工程款应在“应付账款——应付工程款”和“预付账款——预付承包单位款”中核

算。开发企业按照规定预付给承包施工企业的备料款和工程款，应计入“预付账款——预付承包单位款”科目的借方；按照工程价款结算账单应付给承包施工企业的工程款及相应增值税进项税额，应计入“开发成本——房屋开发成本”和“应交税费——应交增值费（进项税额）”等科目的借方和“应付账款——应付工程款”科目的贷方。如有扣除应付工程款的预付备料款和预付工程款时，应将扣回的预付备料款和预付工程款计入“预付账款——预付承包单位款”科目的贷方，“应付账款——应付工程款”科目的贷方反映扣除预付备料款和预付工程款后的数额。支付工程款时，计入“应付账款——应付工程款”科目的借方和“银行存款”等科目的贷方。

【例3-12】 应付工程款、预付备料款、工程款的会计核算

东方地方公司某项发包工程年度合同总值为600 000元，按照合同规定开工前预付备料款150 000元，则在用银行存款支付时，应作会计分录：

	借方	贷方
借：预付账款——预付承包单位款	150 000	
贷：银行存款		150 000

9月份根据施工企业当月施工计划所列工作量的1/2计算得出预付工程款35 000元，用银行存款支付时，应作会计分录：

	借方	贷方
借：预付账款——预付承包单位款	35 000	
贷：银行存款		35 000

10月初根据施工企业9月份工程价款结算账单结算的已完工程价值为75 000元，减去应扣回预付备料款18 000元和月中预付工程款35 000元，还应支付工程款22 000元（75 000－18 000－35 000），应作会计分录：

	借方	贷方
借：开发成本	75 000	
贷：预付账款——预付承包单位款		53 000
应付账款——应付工程款		22 000

用银行存款支付应付工程款时，应作会计分录：

	借方	贷方
借：应付账款——应付工程款	22 000	
贷：银行存款		22 000

第八节 代建工程开发成本的核算

一、代建工程的种类及其成本核算的对象和项目

代建工程是指开发企业接受委托，代为开发的各种工程，包括土地、房屋、市政工程等。由于各种代建工程有着不同的开发特点和内容，在会计上也应根据各类代建工程成本核算的不同特点和要求，采用相应的费用归集和成本核算方法。现行会计制度规定：企业代委托单位开发的土地（即建设场地）、各种房屋所发生的各项支出，应分别通过"开发成本——商品性土地开发成本"和"开发成本——房屋开发成本"科目核算，并分别按土地、房屋成本核算对象和成本项目归集各项支出，进行代建工程项目开发成本的明细分类核算。除土地、房屋以外，企业代委托单位开发的其他工程如市政工程等，其所发生的支出，应通过"开发成本——代建工程开发成本"科目进行核算。因此，开发企业在"开发成本——代建工程开发成本"科目核算的，仅限于企业接受委托单位委托，代为开发的除土地、房屋以外的其他工程所发生的支出。

代建工程开发成本的核算对象，应根据各项工程实际情况确定。成本项目一般可设置如下：（1）土地征用及拆迁补偿费；（2）前期工程费；（3）基础设施费；（4）建筑安装工程费；（5）开发间接费。在实际核算工作中，应根据代建工程支出内容设置。

二、代建工程开发成本的核算

开发企业发生的各项代建工程支出和对代建工程分配的开发间接费用，应计入"开发成本——代建工程开发成本"科目的借方和"银行存款"、"应付账款——应付工程款"、"库存材料"或"原材料"、"应付职工薪酬"、"开发间接费用"等科目的贷方。同时应按成本核算对象和成本项目分别归类计入各代建工程开发成本明细分类账。代建工程开发成本明细分类账的格式，基本上和房屋开发成本明细分类账相同。

已完工并验收的代建工程，应将实际开发成本自"开发成本——代

建工程开发成本”科目的贷方转入“开发产品”或“库存商品”科目的借方。在将代建工程移交委托单位，办妥工程价款结算手续后，将代建工程开发成本自“开发产品”或“库存商品”科目的贷方转入“经营成本”或“主营业务成本”科目的借方。

【例 3-13】 代建工程开发成本的会计核算

某开发企业接受市政工程管理部门的委托，代为扩建开发小区旁边一条道路。扩建过程中，用银行存款支付拆迁补偿费300 000 元，前期工程费 160 000 元，应付基础设施工程款 540 000 元，分配开发间接费用 80 000 元，在发生上列各项扩建工程开发支出和分配开发间接费用时，应作如下会计分录：

借：开发成本——代建工程开发成本　　1 080 000
　贷：银行存款　　460 000
　　应付账款——应付工程款　　540 000
　　开发间接费用　　80 000

道路扩建工程完工并验收，结转已完工程成本时，应作会计分录：

借：开发产品——代建工程　　1 080 000
　贷：开发成本——代建工程开发成本　　1 080 000

第四章　转让及销售阶段

本章导读

房地产转让及销售阶段是房地产开发企业取得收入、实现资金回笼的重要阶段。房地产开发企业的主要业务是从事土地、房屋和其他建筑物的开发和经营，故此阶段的主要业务是转让开发的土地、销售商品房及其他建筑物。会计处理上不仅要进行预售房的业务核算，还要对收入进行核算。本章的主要内容包括：

（1）商品房销售业务和会计处理；
（2）土地使用权转让业务和会计处理；
（3）配套设施转让业务和会计处理；
（4）代建工程收入的核算；
（5）其他业务收入的核算。

第一节　转让及销售阶段业务概述

房地产开发企业的转让及销售阶段的业务包括转让土地使用权、销售房屋及其他建筑物、附着物、配套设施等。

一、土地使用权转让

土地使用权的转让是指房地产开发企业通过出让等形式取得土地使用权后，将土地使用权再转让的行为，包括出售、交换和赠与，属于土地买卖的二级市场。根据《房地产管理法》和《城市房地产转让管理规定》的规定，房地产权利人可以通过买卖、赠与或者其他合法方式将其房地产转让给他人。房屋转让时，房屋所有权和该房屋所在地的土地使用权需同时转让，房地产转让当事人须签订书面房地产转让合同并在房地产转让合同签订后90日内向房地产所在地的房地产管理部门办理转让登记备案手续。

土地使用权的转让有以下条件。

（1）以出让方式初步取得土地使用权的，须符合下列条件后方可转让房地产：①按照出让合同约定已经支付全部土地使用权出让金，并取得土地使用权证；②按照出让合同约定进行开发且属于房屋建设工程的项目，开发项目须占完成投资总额25%以上。

（2）以出让方式初步取得土地使用权的，转让房地产后，其土地使用权的使用年限为原土地使用权出让合同约定的使用年限减去原土地使用者已使用年限后的余额。

（3）受让人拟改变原出让合同约定的土地用途，必须首先取得原出让方和有关市或县人民政府规划行政主管部门的同意，签订土地使用权出让合同变更协议或重新签订土地使用权出让合同，并对土地使用权出让金作出相应调整。

（4）以划拨方式取得土地使用权的，转让土地使用权须按照国务院的规定，报有批准权的人民政府审批，否则须由受让方办理土地使用权出让手续，并依照有关法律规定缴纳出让金。

（5）房地产开发企业开发的商品性土地，可以将土地使用权进行转让。但在向其他单位转让时，必须按照法律和合同的规定，投入相当的资金，完成相应的开发。

（6）土地使用权的转让应签订转让合同，在合同中载明土地的位置、四周边界和面积、地上附着物、土地用途、建筑物高度、绿化面积、土地转让期限、土地转让金的支付方式和违约责任等。

（7）土地转让的交易方式可以采用协议、招标及拍卖等方式。土地转让的价格受地理位置、经济环境、土地用途、土地转让期限和房地产市场供求等因素影响。

二、商品房销售

商品房销售根据开始销售的时间不同分为商品房预售和商品房现售；根据销售主体的不同分为自行销售和委托代理销售，委托代理销售包括视同买断、手续费和保底加提成等；商品房销售根据付款方式不同可以分为一次性付款、分期付款和按揭付款等。

（一）商品房预售与现房销售

根据《商品房销售管理办法》的规定，商品房销售包括商品房预售和商品房现售。

1. 商品房预售

商品房预售是指房地产开发企业将正在建设中的商品房预先出售给买受人，并由买受人支付定金或者房价款的行为。商品房预售实行预售许可制度。房地产开发企业进行商品房预售应当向房地产管理部门申请预售许可，取得商品房预售许可证，未取得商品房预售许可证的，不得进行商品房预售。商品房预售，应当符合以下条件。具体见图 4-1。

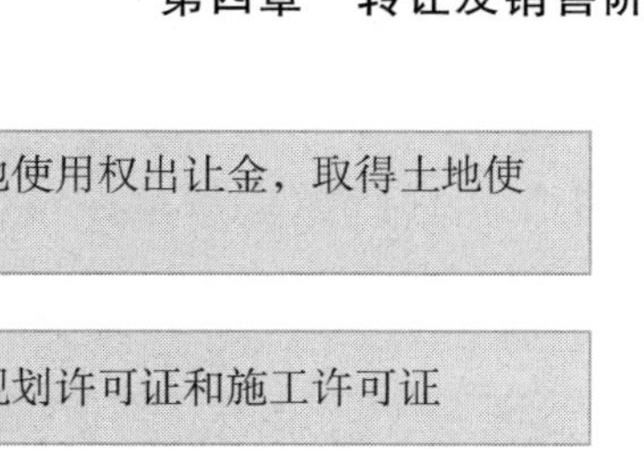

图 4-1　商品房预售的条件

2. 商品房现售

商品房现售，是指房地产开发企业将竣工验收合格的商品房出售给买受人，并由买受人支付房价款的行为。商品房现售，应当符合以下条件。具体见图 4-2。

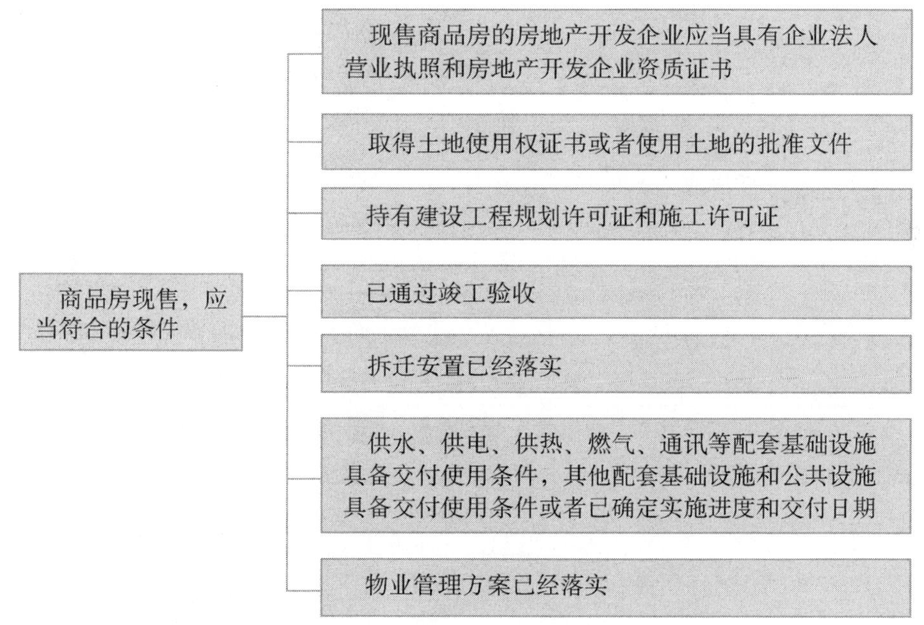

图 4-2　商品房现售的条件

房地产开发企业应当在商品房现售前将房地产开发项目手册及符合商品房现售条件的有关证明文件报送房地产开发主管部门备案。

（二）自行销售与委托销售

房地产开发企业的商品房销售可以自行销售，也可以委托房地产中介服务机构代理销售。采取委托方式销售的主要有：（1）采取支付手续费方式委托销售；（2）采取视同买断方式委托销售；（3）采取基价（保底价）并实行超基价双方分成方式委托销售；（4）采取包销方式委托销售。

（三）一次性付款、分期付款、按揭付款

买受人购买商品房，可根据持有资金情况选择不同的付款方式。不同的付款方式，具体的要求见表4-1。

表4-1　付款方式

付款方式	具体要求
一次性付款	一般而言，一次性付款要求买受人付清定金后10～30天内补足所有房款。此种付款方式下，房地产开发企业给予一定的价格折扣，相对而言比较优惠，但一次性付款涉及大额款项支出
分期付款	分期付款是指买受人按照销售合同约定的价款和付款日期分期支付购房款。分期付款分为3种：（1）预收款销售商品房，指在商品房交付前按合同或协议约定分期付款，房地产开发企业在收到最后一笔款项时才将商品房交付买受人的销售方式；（2）分期收款销售商品房，指商品房已交付买受人，买受人按合同或协议约定分期支付购房款；（3）以上两种方式的结合，指在商品房交付前，买受人已按销售合同约定分期支付部分房款，交付后分期支付余款的销售方式
按揭付款	按揭付款即购房抵押按揭贷款，指买受人支付首付款，余款以所购商品房作抵押，向银行申请贷款，由银行先行支付房款给开发商，买受人按月向银行分期支付本息的付款方式。按揭贷款实行双重担保，即“抵押加保证”，借款人（即买受人）以所购的住房给贷款银行做抵押，在借款人取得该住房的房产证和办妥抵押登记之前，由开发商提供第二重担保（连带保证责任）。发放贷款时，贷款银行会收取一定比例的按揭保证金（一般为贷款额的10%），作为开发商承担连带保证责任的保证金。一旦借款人发生违约情形，贷款银行有权从按揭保证金专户中直接扣收保证金，以此作为借款人违约拖欠贷款本息、罚息等的担保

按揭付款方式下，贷款额最高可达购房费用总额的70%，具体的贷款额度由银行根据借款人的资信、经济状况和抵押物的审查情况来确定；贷款的最长期限不能超过30年；贷款利率按合同签订时人民银行公布的个人住房贷款利率执行，如果在合同执行期间遇到利率调整，贷款利率将采取一年一定的原则，在第2年的1月1日作相应调整。

贷款银行不同，按揭贷款的程序也不完全相同。房地产开发企业办理按揭贷款的程序见图4-3。

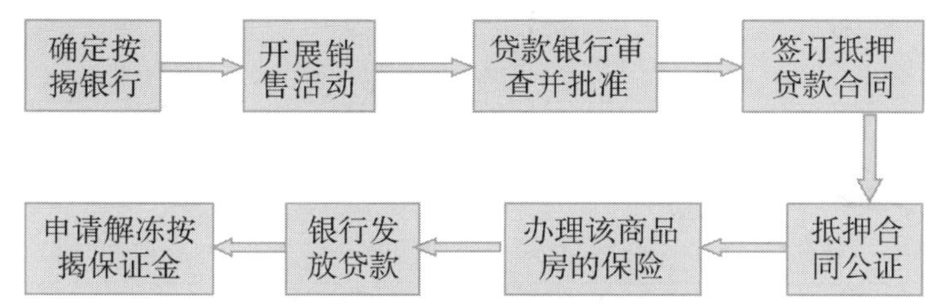

图4-3　办理按揭贷款的程序

（1）确定按揭银行。房地产项目在对外销售之前，一般由房地产开发企业与银行签订按揭协议，约定由该银行对房地产开发企业的房地产项目提供按揭贷款，其中包括贷款的额度、最高年限和成数以及房地产开发企业的保证责任等。

（2）开展销售活动。房地产开发企业在取得项目的预售许可证后对社会公开销售，与买受人签订商品房买卖合同。采用按揭付款方式的，买受人按照申请的贷款成数支付首付款，剩余购房款向银行申请按揭贷款，并办理商品房买卖合同的登记手续。

（3）贷款银行审查并批准。贷款银行对经律师见证、公证处公证的提交资料进行审查，对合格者予以批准。

（4）签订抵押贷款合同及保证合同。银行与买受人签订抵押贷款合同，银行与房地产开发企业签订保证合同。

（5）抵押合同公证。抵押贷款合同签订后，到贷款银行认可的公证处办理相关公证手续。

（6）办理该商品房的保险。抵押期间保险单正本由贷款银行收押。

（7）贷款银行经审批提供文件资料后发放贷款，通常按贷款合同或保证合同的约定直接汇入房地产开发企业在贷款银行开立的银行账户。

（8）房产证办理完毕，房地产开发企业向贷款银行申请解冻按揭保证金。

（四）商品房销售流程

房地产开发企业商品房销售流程主要包括前期策划、营销、取得预售许可证后开盘预售、签订协议或合同、交款、商品房交付和产权登记及办证等环节，具体的步骤见图4-4。

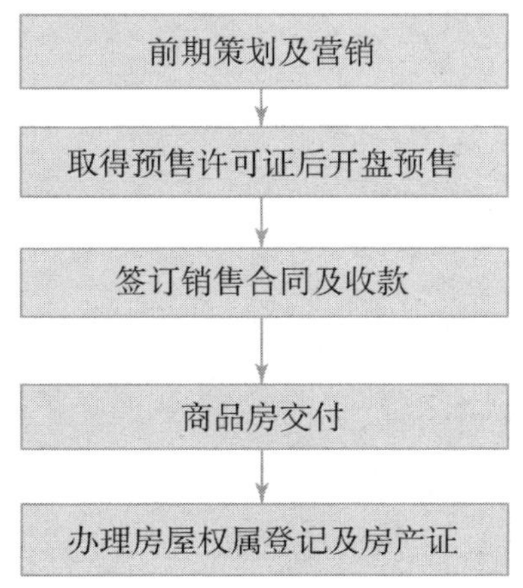

图4-4　商品房销售流程

1. 前期策划及营销

房地产开发企业是以商品房销售为核心的企业，前期策划可能在拿地前进行，也可能在拿地后进行，主要工作是确定项目定位，准确定位目标市场，制定产品目标与发展计划，选择性价比最好的产品。前期策划是销售的重要阶段，此阶段决定了产品未来的销售状况。

房地产营销的目的是通过详细的介绍、生动的描述来塑造产品形象，刺激顾客的购买欲。在销售阶段，房地产开发企业通常会采取一系列的营销手段，目前我国常用的营销方法包括广告、房地产展销会、活动推介及人员推销等。广告是房产营销手段中用的最多、富有成效的一种方法，广告包括户外路牌展板广告、电视广告、电台广播和报纸杂志广告等。

2. 取得预售许可证后开盘预售

项目开发建设达到规定条件的可以取得预售许可证，然后再确定开

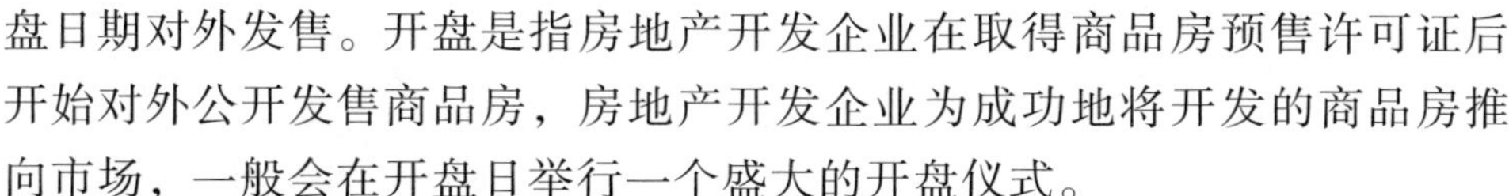

盘日期对外发售。开盘是指房地产开发企业在取得商品房预售许可证后开始对外公开发售商品房，房地产开发企业为成功地将开发的商品房推向市场，一般会在开盘日举行一个盛大的开盘仪式。

3. 签订销售合同及收款

开盘后即可到现场看房，有意向购买的客户可与销售人员就房屋销售价格等合同条款进行协商，协商一致的签订商品房买卖合同，双方也可以对标准合同文本中的空白事项予以约定，需要签订补充协议的，双方商定具体补充内容。合同签订后，要在规定时间内向当地房管部门办理备案，销售合同到房管部门办理备案登记后生效。合同签订后，买受人要根据所签合同约定的付款时间交纳房价款及契税。

4. 商品房交付

房地产开发企业应当按照合同约定将符合交付使用条件的商品房按期交付给买受人。

商品房交付必须符合交付使用条件，即入住条件。对于交付使用条件，我国的《建筑法》、《城市房地产管理法》和《城市房地产开发经营管理条例》都规定了建筑工程竣工经验收合格后，方可交付使用；未经验收或者验收不合格的，不得交付使用。同时，《消防法》规定，单体必须经过消防验收，才能交付使用。

“三书一证一表”是国家有关部门权威认可的标准，是商品房交付使用的必要条件。“三书”是指住宅质量保证书、住宅使用说明书及建筑工程质量认定书，一证是指房地产开发建设项目竣工综合验收合格证，一表是指建筑工程竣工验收备案表。根据建设部《商品住宅实行住宅质量保证书和住宅使用说明书制度的规定》第三条：“房地产开发企业在向用户交付销售的新建商品住宅时，必须提供住宅质量保证书和住宅使用说明书。”经过验收合格，发给房地产开发建设项目竣工综合验收合格证，经过备案，获得建筑工程竣工验收备案表。

另外，对于具体的交付使用条件，还要看具体的商品房买卖合同，可能在商品房买卖合同及其附件、补充协议中加以约定。如将公共配套设施验收合格（包括水、电、煤气、宽带、有线、安防、绿化、道路和电梯等）作为交付使用的条件，同时在合同中约定房地产开发企业未达到交付使用条件时的违约责任。符合交房条件的商品房即可按合同约定办理交付手续。

5. 办理房屋权属登记及房产证

房地产开发企业应当在商品房交付使用之日起60日内，将需要由其提供的办理房屋权属登记的资料报送房屋所在地房地产行政主管部门，并协助买受人办理土地使用权变更和房屋所有权登记手续。

三、销售其他建筑物

销售其他建筑物包括销售能有偿转让销售的配套设施、周转房等。

“配套设施”是指企业根据城市建设规划的要求，或开发项目建设规划的要求，为满足居住的需要而与开发项目配套建设的各种服务性设施。配套设施可以分为不能有偿转让的公共配套设施和能有偿转让的配套设施两类。建成后能够有偿转让的配套设施，房地产开发企业应单独核算其成本，作为开发产品对外销售。

周转房改变用途，可作为商品房对外销售。

四、代建工程

房地产开发企业的代建工程包括代建房屋、场地、城市道路、基础设施等市政工程。在房地产开发企业的实务中，代建工程存在两种形式。

第一种方式是受托方（房地产开发企业）与委托方（委托建房单位）实行全额结算（原票转交），只向委托方收取代建手续费的业务，就是说在建设过程中施工方、设计方、监理等不与受托方签订合同，而直接与委托方签订合同，受托方只收取一定代理费的房地产开发方式。（1）由委托方自行立项；（2）不发生土地使用权或产权转移；（3）受托方不垫付资金，单独收取代建手续费（或管理费）；（4）事先与委托方签订委托代建合同；（5）施工企业将建筑业发票全额开具给委托方。

第二种方式是受托方与委托方实行拨付结算，就是说在建设过程中施工方、设计方、监理等直接与受托方（房地产开发企业）签订合同，不与委托方签订合同，资金由委托方拨付给受托方，受托方再拨付给施工方、设计方、监理等。代建工程最后销售或移交给委托方，受托方不收委托方的代建手续费，也不参与利润分配。

五、其他业务收入

房地产开发企业的其他业务收入是指除主营业务收入以外的其他业务收入，包括商品房售后服务收入、材料销售收入等。

1. 商品房售后服务收入

房地产开发企业的商品房售后服务是指企业接受其他单位的委托，对已经销售出去的商品房进行管理，如房屋及所属设备的维修、电梯看管、卫生清理和治安管理等劳务性服务。企业提供的这种售后服务，可向用户收取服务费，形成商品房售后服务收入。

2. 材料销售收入

房地产开发企业的材料销售是指企业将不需用的库存材料对外销售。房地产开发企业的开发周期长，项目开发结束后，通常需要把在开发阶段剩余的材料物资进行销售，销售材料取得的价款构成企业的材料销售收入。

第二节　转让及销售的账务处理

一、商品房销售收入的会计核算

（一）商品房销售收入的确认

房地产开发企业对外销售商品房按照《企业会计准则》中商品销售收入的确认原则处理。由于企业会计准则是以原则导向为主的，会计准则中并没有针对房地产开发企业的收入确认作专门的规定，而是给出了收入确认的原则，具体需要会计人员根据《企业会计准则》及企业自身情况作出会计职业判断。

（1）企业已将商品所有权上的主要风险和报酬转移给购货方。

企业已将商品所有权上的主要风险和报酬转移给购货方是构成确认销售商品收入的重要条件。判断“风险和报酬”是否转移非常重要，需考虑以下因素。

首先，企业已将商品所有权上的主要风险和报酬转移给购货方，是指与商品所有权有关的主要风险和报酬同时转移。与商品所有权有关的报酬，是指商品价值增值或通过使用商品等产生的经济利益。在商品房预售情况下，如果商品房实现价值增值，则增值收益一般归买受人所有。与商品有关的风险，是指商品可能发生减值或毁损等形成的损失。在商品房预售情况下，如果商品房发生减值，价值减少的损失一般也由买受人承担，但是如果商品房发生毁损，就不一定承担毁损的损失。根据我国《中华人民共和国合同法》的规定，所有权转移的时间标准依下列原则确定具体要求见表4-2。

表4-2　所有权转移的时间标准

划分标准	具体要求
依合同约定时间	当事人可以在合同中约定标的物所有权转移的时间，约定的时间既可以是某一时间点，也可以附转移条件，待条件成就时，所有权转移
交付完成时间	若合同未约定标的物所有权转移的时间，则所有权自标的物交付时转移
法律、法规规定的时间	法律、法规要求所有权转移须履行特殊手续的，则以该特殊手续办理完毕的时间为所有权转移时间

如果当事人以销售合同约定的风险和报酬转移时点为“房产完工并验收合格”，那么房产完工并验收合格则是商品房所有权上的主要风险和报酬转移的时点。可见，与商品房所有权相关的风险和报酬转移并非一概而论，我们需要结合房地产开发企业的具体情况和销售合同的具体约定进行分析，并作出会计职业判断。

其次，判断企业是否已将商品所有权上的主要风险和报酬转移给购货方，应当关注交易的实质，并结合所有权凭证的转移进行判断。通常情况下，转移商品所有权凭证并交付实物后，商品所有权上的主要风险和报酬随之转移。某些情况下，转移商品所有权凭证但未交付实物，商品所有权上的主要风险和报酬随之转移，企业只保留了次要风险和报酬，有时已交付实物但未转移商品所有权凭证，商品所有权上的主要风险和报酬未随之转移。房地产开发企业需要从转移商品房所有权凭证和实物交付两个方面来进行分析，尽管商品房最终是以产权证上权利人主体的更替为所有权变更的主要标志，但由于买方取得商品房产权证的环节较为特殊，办理产权过户手续不仅受到房地产开发企业受理办理情况的影响，而且涉及房地产管理、土地管理等政府有关部门。办妥产权证书的时间并非开发企业所能控制，如果此时确认收入，会导致收入滞后，将不符合收入确认原则。所以，尽管房屋产权证书是房屋所有权的标志，但并非是确认收入的必要条件。

另外，在房地产销售中，房地产的法定所有权转移给买受人，通常表明其所有权上的主要风险和报酬也随之转移，企业应确认销售收入。但也可能出现法定所有权转移后，所有权上的主要风险和报酬尚未转移的情况，具体的情况见图4-5。

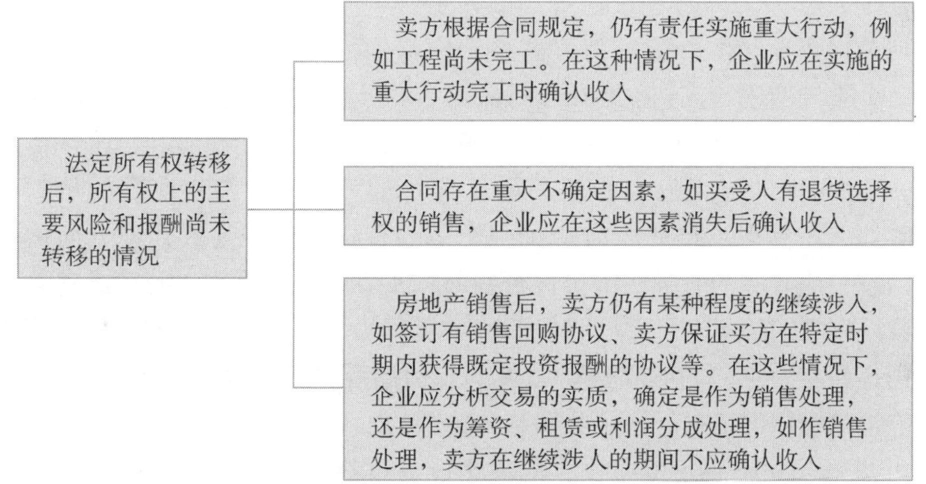

图4-5　法定所有权转移后所有权上的主要风险和报酬尚未转移的情况

（2）企业既没有保留通常与所有权相联系的继续管理权，也没有对售出的商品实施控制。对售出商品房实施继续管理而涉及的商品所有权问题要具体分析。如果商品房售出后，企业仍保留与该商品所有权相联系的继续管理权，则说明此项商品销售交易并没有完成，销售不能成立，不能确认收入。同样，如果商品售出后，企业仍对售出的商品实施控制，说明此项销售没有完成，不能确认收入。房地产开发企业销售商品房后委托物业公司管理小区物业不属于保留通常与所有权相联系的继续管理权，也不属于对售出的商品房实施控制。

（3）收入的金额能够可靠计量。收入能否可靠计量，是确认收入的基本前提，收入不能可靠计量，则无法确认收入。收入能否可靠计量，是指收入的金额能否合理地估计。企业在销售商品时，商品的销售价格通常已经确定，但是，由于销售商品过程中某些不确定因素的影响，也有可能存在商品价格发生变动的情况。在这种情形下，新的商品销售价格未确定前通常不应确认销售收入。企业销售商品满足收入确认条件时，应当按照已收或应收的合同或协议价款的公允价值确定销售收入。某些情况下，合同或协议明确规定销售商品需要延期收取价款，如分期收款销售商品，实质上具有融资性质的，应当按照已收或应收合同或协议价款的公允价值确定收入；已收或应收价款不公允的，企业应按公允的交易价格确定收入。

（4）相关的经济利益很可能流入企业。与交易相关的经济利益主要表现为销售商品的价款。销售商品的价款能否有把握收回，是收入确认的一个重要条件。企业在销售商品时，如果估计价款收回的可能性不大，即使收入确认的其他条件均已满足，也不应当确认收入。通常情况下，“很可能”是指发生的概率超过 50% 的可能性。销售商品的价款能否收回，主要根据企业以前和买方交易的直接经验，或从其他方面取得的信息，或政府的有关政策等进行判断。实务中，企业售出的商品符合合同或协议规定的要求，并已将发票账单交付买方，买方也承诺付款，即表明销售商品的价款能够收回。如果企业估计价款不能收回，不确认收入，且应提供可靠的证据；已经收回部分价款的，只将收回的部分确认收入。

（5）相关已发生或将发生的成本能够可靠计量。根据收入和费用配比原则，与同一项销售有关的收入和成本应在同一会计期间予以确认。因此，如果成本不能可靠计量，即使其他条件均已满足，相关的收入也不能确认。一般情况下，所售商品房的开发项目完成竣工结算标志着“成本能够可靠地计量”，但也要结合企业的具体情况加以判断。如果在施工过程中采用固定造价合同，则在合同签订后相关的成本就能够可靠计量，如果采用费率招标合同则必须完成竣工结算成本才能够可靠计量。

即使成本能够可靠计量，如果成本还没有发生，相关的收入也不能确认。有人认为签订合同时成本已经发生，而有人认为履行了合同约定的权利和义务后，成本才算已经发生，如房地产开发企业与施工单位签

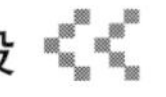

订了不可撤销的固定造价合同，在施工完成前因施工方没有履行完合同约定的义务，并不能说成本已经发生，这时即使成本能够可靠计量且其他收入确认条件均已满足，也不能确认收入。

（二）商品房销售收入金额的确定

1. 销售收入金额的确定

对于房地产开发企业而言，商品房销售是其获得收入的主要来源。商品房销售收入金额的确认。在实施“营改增”后，必须清晰划分不含税收入和增值税销项税额。详情见图 4-6。

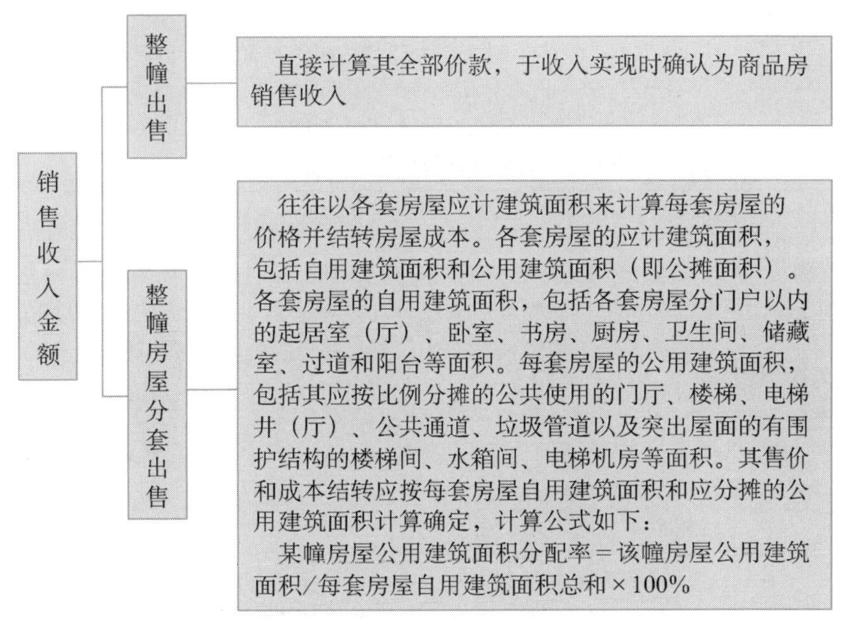

图 4-6　房地产开发企业商品房销售收入金额的确定

【例 4-1】　商品房销售收入的计算

安居房地产开发公司开发了美丽花园小区，全部是用于出售的商品房。该总建筑面积共 72 000 平方米，其中，全部房屋的套内自用建筑面积总和为 60 000 平方米，公用建筑面积 12 000 平方米，该公司出售一套自用建筑面积80平方米的房屋，该商品房每建筑平方米售价6 000元，请计算这套房屋的总售价。该企业为增值税一般纳税人，出售不动产税率为10%。

公用建筑面积分配率＝12 000÷60 000×100%＝20%；

该套房屋销售应计建筑面积＝80×(1＋20%)＝96（平方米）；

该套房屋销售价款＝6 000×96＝576 000（元）。

不含税销售收入＝576 000÷(1＋9%)＝528 440.37（元）

增值税销项税额＝576 000÷(1＋9%)×9%＝47 559.63（元）

2. 商品房销售应设置的主要会计科目

为了核算房地产开发企业转让与销售房地产阶段的业务，房地产开发企业应设置如下会计科目，见表4-3。

表4-3　商品房销售应设置的主要会计科目

科目名称	借贷科目
主营业务收入	“主营业务收入”核算房地产开发企业对外转让、销售、结算开发产品等所取得的收入。该账户贷方登记企业按规定确认的营业收入，借方登记期末结转到“本年利润”账户的营业收入。期末无余额
主营业务成本	“主营业务成本”核算房地产开发企业对外转让、销售、结算开发产品等应结转的经营成本。该账户借方登记本期已对外转让、销售和结算开发产品的实际成本，贷方登记期末结转到“本年利润”账户的经营成本。期末无余额
预收账款	“预收账款”核算房地产开发企业按照合同规定预收的款项。该账户的贷方登记企业销售开发产品等经营活动按合同规定向买受人预收的款项，借方登记企业按规定确认收入转销的预收账款。该账户期末贷方余额反映企业预收的款项；期末借方余额反映企业应收未收的款项
应收账款	“应收账款”核算房地产开发企业因销售开发产品等经营活动应收取的款项。该账户借方登记企业销售开发产品等经营活动应收取的款项，贷方登记收回的应收账款
应交税费	“应交税费——应交增值税（进项税额）”科目核算企业销售不动产时，由此产生的增值税销项税额

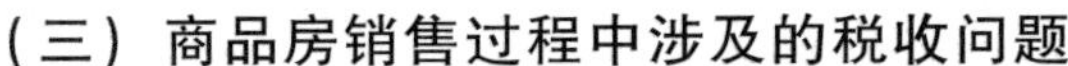

（三）商品房销售过程中涉及的税收问题

1. 增值税

房地产开发企业转让土地使用权或者销售不动产，根据《营业税改征增值税试点实施办法》（财税〔2016〕36 号）的规定，在中华人民共和国境内（以下称境内）销售不动产的单位和个人，为增值税纳税人，应当按照本办法缴纳增值税，不缴纳营业税。

不动产，是指不能移动或者移动后会引起性质、形状改变的财产，包括建筑物、构筑物等。建筑物，包括住宅、商业营业用房、办公楼等可供居住、工作或者进行其他活动的建造物。构筑物，包括道路、桥梁、隧道、水坝等建造物。

转让建筑物有限产权或者永久使用权的，转让在建的建筑物或者构筑物所有权的，以及在转让建筑物或者构筑物时一并转让其所占土地的使用权的，按照销售不动产缴纳增值税。

有偿，是指取得货币、货物或者其他经济利益。

（1）增值税的一般计税方法。

房地产开发企业中的一般纳税人销售自行开发的房地产项目，适用一般计税方法计税，按照取得的全部价款和价外费用，扣除当期销售房地产项目对应的土地价款后的余额计算销售额。销售额的计算公式如下：

销售额＝(全部价款和价外费用－当期允许扣除的土地价款)÷(1＋11%)

当期允许扣除的土地价款按照以下公式计算：

当期允许扣除的土地价款＝(当期销售房地产项目建筑面积÷房地产项目可供销售建筑面积)×支付的土地价款

当期销售房地产项目建筑面积，是指当期进行纳税申报的增值税销售额对应的建筑面积。

房地产项目可供销售建筑面积，是指房地产项目可以出售的总建筑面积，不包括销售房地产项目时未单独作价结算的配套公共设施的建筑面积。

支付的土地价款，是指向政府、土地管理部门或受政府委托收取土地价款的单位直接支付的土地价款。

在计算销售额时从全部价款和价外费用中扣除土地价款，应当取得省级以上（含省级）财政部门监（印）制的财政票据。

一般纳税人应建立台账登记土地价款的扣除情况，扣除的土地价款不得超过纳税人实际支付的土地价款。

（2）增值税的简易计税方法。

简易计税方法的应纳税额，是指按照销售额和增值税征收率计算的增值税额，不得抵扣进项税额。应纳税额计算公式：

应纳税额 = 销售额 × 征收率

简易计税方法的销售额不包括其应纳税额，纳税人采用销售额和应纳税额合并定价方法的，按照下列公式计算销售额：

销售额 = 含税销售额 ÷（1 + 征收率）

一般纳税人销售自行开发的房地产老项目，可以选择适用简易计税方法按照5%的征收率计税。一经选择简易计税方法计税的，36个月内不得变更为一般计税方法计税。

房地产老项目，是指：《建筑工程施工许可证》注明的合同开工日期在2016年4月30日前的房地产项目；《建筑工程施工许可证》未注明合同开工日期或者未取得《建筑工程施工许可证》但建筑工程承包合同注明的开工日期在2016年4月30日前的建筑工程项目。

一般纳税人销售自行开发的房地产老项目适用简易计税方法计税的，以取得的全部价款和价外费用为销售额，不得扣除对应的土地价款。

2. 印花税

根据《中华人民共和国印花税暂行条例》和《财政部国家税务总局关于印花税若干政策的通知》（财税［2006］162号）的规定，对商品房销售合同按照产权转移书据0.5‰的税率征收印花税；对土地使用权出让合同、土地使用权转让合同按产权转移书据征收印花税。

【例4-2】 商品房销售印花税的计算

鑫鑫房地产公司2×18年8月签订商品房销售合同总金额为2 000万元。当月应交印花税为：应交印花税 = 2 000 × 0.5‰ = 1（万元）。

3. 土地增值税

土地增值税是房地产开发企业的一个重要税种，房地产开发企业转让国有土地使用权、地上建筑物及其附着物并取得收入，应就其转让房地产所取得的增值额征收土地增值税。

（1）税率。

土地增值税按增值额与扣除项目金额的比率的不同范围实行 30%、40%、50%、60% 四级超率累进税率计算。超率累进税率见表 4-4。

表 4-4　土地增值税四级超率累进税率表

级数	增值额与扣除项目金额的比率	税率（%）	速算扣除系数（%）
1	不超过 50% 的部分	30	0
2	超过 50% 至 100% 的部分	40	5
3	超过 100% 至 200% 的部分	50	15
4	超过 200% 的部分	60	35

（2）应纳税额的计算。

应纳土地增值税 = 增值额 × 税率 − 扣除项目金额 × 速算扣除系数

增值额 = 应税收入 − 扣除项目金额

纳税人转让房地产取得的应税收入，包括转让房地产的全部价款及有关的经济收益。税法准予纳税人从转让收入额中减除的项目包括取得土地使用权所支付的金额、房地产开发成本、房地产开发费用、与转让房地产有关的税金、其他扣除项目、旧房及建筑物的评估价格。

【例 4-3】　商品房销售土地增值税的计算

鑫鑫房地产公司开发建造并出售普通标准住宅楼一栋，取得销售收入 1 850 万元，增值税销项税额 185 万元。其中包括代收的市政设施费共计 50 万元。公司为建造此楼支付土地出让金 300 万元，缴纳相关税费 12 万元；普通标准住宅楼开发成本 300 万元；房地产开发费用中的利息支出 40 万元（能够按转让房地产项目计算分摊并提供了银行贷款证明），包括超过贷款期限的利息 4 万元；公司所在地政府规定的房地产开发费用的计算扣除比例为 5%。城市维护建设税税率为 7%，教育费附加征收率为 3%。鑫鑫房地产公司应纳土地增值税税额计算过程如下：

（1）确定转让房地产的收入1 850万元。

（2）确定转让房地产的扣除项目金额：

取得土地使用权所支付的金额为312万元；

房地产开发成本300万元；

房地产开发费用为：(40－4)＋(300＋312)×5%＝66.6(万元)

与转让房地产有关的税金为：

(城市维护建设税：92.5×7%＝6.475（万元）

教育费附加：92.5×3%＝2.775（万元）

税金合计：92.5＋6.475＋2.775＝101.75（万元）

其他扣除项目：(312＋300)×20%＝122.4（万元））

代收费用可在计算土地增值税的时候扣除，但是不可以加计扣除。

扣除项目金额合计：

312＋300＋66.6＋101.75＋122.4＋50＝952.75（万元）

（3）转让房地产的增值额为：

1 850－952.75＝897.25（万元）

（4）计算增值额与扣除项目金额之比：

897.25÷952.75×100%＝94%

增值额超过扣除项目金额50%，未超过100%，适用税率40%，速算扣除系数5%。

（5）用速算扣除法计算土地增值税应纳税额：

土地增值税应纳税额＝897.25×40%－952.75×5%＝311.262 5（万元）

（四）商品房预售的会计处理

房地产开发企业进行商品房预售，一般涉及诚意金、办卡费、预售定金、预售款以及代收的配套费用、维修基金、办证费等业务的会计核算。

1. 定金核算

预售商品房时买受人交纳的定金，可以通过“其他应付款”或“预收账款”账户核算，不论财务上如何核算，房地产开发企业收取定金都

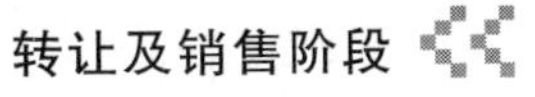

应缴纳营业税金及附加。

2. 预售房款核算

房地产开发企业按照合同或协议规定向买受单位或个人预收的预售房款，在会计上有两种处理方法：一种处理方法是专设“预收账款”账户来核算；另一种处理方法是不设置“预收账款”账户，发生的预收账款直接在“应收账款”账户进行核算。采用预收账款核算的，企业收到的预交购房款，包括买受人按揭贷款的到账金额，应借记“库存现金”或“银行存款”账户，贷记“预收账款”账户。

同时，房地产开发企业按税法规定应缴纳营业税、城市维护建设税、教育费附加、土地增值税和企业所得税，在“应交税费”科目下设置“应交营业税”、“应交城市维护建设税”、“应交教育费附加”、“应交土地增值税”、“应交企业所得税”明细科目。实际上缴税费时，借记“应交税费”各明细科目，贷记“银行存款”科目。

3. 按揭保证金的核算

一般情况下，为便于按揭保证金的划转，银行会要求房地产开发企业同时开立一个一般结算户和一个按揭保证金户。按揭保证金户是不能随便动用的资金，企业在报建的时候，计委和建委都会要银行开具相应的资金证明，按揭保证金上的资金额是不能计算在内的。

房地产开发企业向贷款银行交纳的按揭保证金，有的由贷款行在放贷时从贷款额中直接扣收，有的是在银行发放贷款后由房地产开发企业从一般结算户转入按揭保证金专户。贷款行直接扣收按揭贷款保证金的，借记“银行存款”、“其他货币资金——按揭保证金户”账户，贷记“预收账款”账户；房地产开发企业从一般结算户转入按揭贷款保证金时，借记“其他货币资金——按揭保证金户”账户，贷记“银行存款”账户。买受人违约，未及时还款时，贷款行从按揭保证金专户中扣收买受人还贷本息时，借记“其他应收款”账户，贷记“其他货币资金——按揭保证金户”账户；买受人补缴还款额时，作相反会计分录。按揭保证金解冻时，借记“银行存款”账户，贷记“其他货币资金——按揭保证金户”账户。

【例4-4】 商品房预售的会计核算

鑫鑫房地产公司采用银行按揭方式销售商品房一套，房屋价款180万元，买受人缴纳首付款70万元，按揭贷款110万元。2×16年5月，该套商品房按揭贷款到账，贷款行从按揭贷款额中直接收取10%的按揭保证金。放款次月起，买受人开始还贷款。2×18年12月5日还款日，买受人未及时还款，贷款银行从公司按揭保证金户扣款6 500元；12月底，买受人补缴了还款额。2×19年2月该套商品房房产证书办理完毕，按揭贷款保证金解冻转入对应的一般结算账户。

（1）买受人支付首付款，应依据销售不动产发票记账联、收款收据记账联、现金缴款单或银行收账通知等收款证明，进行账务处理：

借：银行存款　　700 000

　　贷：预收账款　　700 000

（2）商品房按揭贷款到账，应依据银行收账通知等收款证明进行账务处理：

借：银行存款　　990 000

　　其他货币资金——按揭保证金户　　110 000

　　贷：预收账款　　1 100 000

（3）买受人违约，贷款银行从按揭保证金户扣款，应依据贷款银行扣款证明进行账务处理：

借：其他应收款　　6 500

　　贷：其他货币资金——按揭保证金户　　6 500

（4）买受人补缴还款额，依据银行收账通知等收款证明进行账务处理：

借：其他货币资金——按揭保证金户　　6 500

　　贷：其他应收款　　6 500

（5）按揭保证金解冻，依据银行转款单据进行账务处理：

借：银行存款　　110 000

　　贷：其他货币资金——按揭保证金户　　110 000

4. 代收配套设施费、办证费、维修基金的核算

房地产开发企业在预收房款的同时会代收天然气初装费、暖气初装费、有线电视安装费、房产证办证费以及维修基金等。住宅专项维修基金是指专项用于住宅共用部位、共用设施设备保修期满后的维修和更新、改造的资金。住宅共用部位是指根据法律、法规和房屋买卖合同，由单幢住宅内业主或者单幢住宅内业主及与之结构相连的非住宅业主共有的部位。一般包括：住宅的基础、承重墙体、柱、梁、楼板、屋顶以及户外的墙面、门厅、楼梯间、走廊通道等。共用设施设备是指根据法律、法规和房屋买卖合同，由住宅业主或者住宅业主及有关非住宅业主共有的附属设施设备。一般包括电梯、天线、照明、消防设施、绿地、道路、路灯、沟渠、池、井、非经营性车场车库、公益性文体设施和共用设施设备使用的房屋等。代收的配套费用、维修基金应作为“其他应付款”核算。

【例 4-5】　代收配套设施费、办证费、维修基金的会计核算

鑫鑫房地产公司 2×18 年 6 月销售给买受人甲商品房一套，该套商品房价款 525 000 元，该企业按照简易方法计算增值税，征收率为 5%。城建税税率为 7%，教育费附加征收率为 3%，土地增值税预征率为 3%，企业所得税预计毛利率为 15%。

具体收款情况如下：

(1) 公司收到买受人甲的购房定金 30 000 元，依据收款收据记账联、现金缴款单或银行收账通知进行账务处理：

借：银行存款　　30 000

　　贷：预收账款——甲　　30 000

(2) 预收买受人甲支付首付款 120 000 元，依据收款收据记账联、现金缴款单或银行收账通知进行账务处理：

借：银行存款　　120 000

　　贷：预收账款——甲　　120 000

(3) 买受人甲按揭贷款到账 350 000 元，依据销售不动产发票记账联、银行收账通知进行账务处理：

借：银行存款　　350 000

　　贷：预收账款——甲　　350 000

(4) 收到买受人甲交纳配套费用 15 750 元，维修基金 4 600 元，办证费用 840 元，依据收款收据记账联、现金缴款单或银行收账通知进行账务处理：

借：银行存款 20 400

贷：其他应付款——甲（配套费用） 15 000

——甲（维修基金） 4 600

——甲（办证费） 800

（5）计算应交纳的增值税及附加、企业所得税、土地增值税、印花税：

①应交增值税：（525 000＋15 750＋840）÷（1＋5%）×5%＝25 790（元）

②应交城市维护建设税：25 790×7%＝1 805.3（元）

③应交教育费附加：25 790×3%＝773.7（元）

④应交企业所得税：500 000×15%×25%＝18 750（元）

⑤预交土地增值税：500 000×3%＝15 000（元）

⑥应交印花税：500 000×0.5‰＝250（元）

依据完税凭证和付款证明进行账务处理：

借：应交税费——应交增值税 25 790

——应交城市维护建设税 1 805.3

——应交教育费附加 773.7

——应交所得税 18 750

——应交土地增值税 15 000

贷：银行存款 62 119

借：管理费用 250

贷：库存现金 250

（6）支付代收配套费用、维修基金、办证费用：

依据维修基金缴存凭证代收单位留存联和支付维修基金、配套费、办证费的付款证明进行账务处理：

借：其他应付款——甲（配套费用） 15 000

——甲（维修基金） 4 600

——甲（办证费） 800

贷：银行存款 20 400

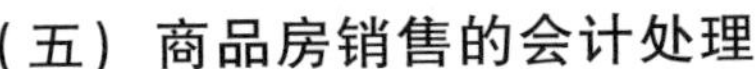

（五）商品房销售的会计处理

房地产开发企业应当合理确认商品销售收入，并按时入账。

销售商品房的收入，应按企业与买受人签订的销售合同或协议金额或双方接受的金额确定。如果同时满足收入确认的5个条件，房地产开发企业应确认商品房销售收入。将预收的房款确认为“主营业务收入”和应交增值税进项税额，应借记“银行存款”或“应收账款”（补交差额部分）、“预收账款”账户，贷记“主营业务收入”账户（不含增值税房款）和“应交税费——应交增值税（销项税额）”账户。并同时结转相关的成本和确认营业税金及附加，将“开发产品”转入“主营业务成本”待一个会计周期（一般是1个月）结束后，按照当期实际缴纳的增值税、消费税金额计算应该缴纳的城市维护建设税、教育费附加，借记“税金及附加”账户，贷记“应交税费——应交城市维护建设税”、“应交税费——应交教育费附加”账户。

【例4-6】 商品房销售的会计核算

东方地产公司2×19年6月将其正在开发的商品房预售，合同收入2 600万元，同年12月开发的商品房已全部办理竣工验收并交房，商品房实际开发成本1 520万元。企业于当月确认商品房销售收入。其中，销售不动产的增值税税率为9%。

（1）商品房办理竣工验收时，按实际成本结转开发成本：

借：开发产品——房屋 15 200 000

　　贷：开发成本 15 200 000

（2）商品房移交时，确认商品房销售收入：

借：预收账款 26 000 000.00

　　贷：主营业务收入 23 853 211.01

　　　　应交税费——应交增值税（销项税额） 2 146 788.99

（3）月末，结转商品房销售成本：

借：主营业务成本 15 200 000

　　贷：开发产品 15 200 000

（六）特殊情况下商品房销售的处理

房地产开发企业会计实务中，可能会遇到一些特殊的商品销售业务。在将销售商品收入确认和计量原则运用于这些特殊业务的会计处理时，要结合交易形式，注重交易实质。

1. 分期收款销售收入的核算

采用分期收款方式销售产品，销售收入是按当期收到的价款或合同约定当期应收的价款加以确定。即不论价款是否收到，都应按合同规定的时间和金额确认销售收入的实现。销售成本的结转，应与分期收款销售收入实现的时间一致，当期结转的销售成本应按开发产品销售成本占销售收入的比例进行计算，其公式如下：

本期应结转的销售成本 = 本期确认的销售收入 × 销售总成本 ÷ 销售总收入

【例4-7】 商品房销售分期收款销售收入的会计核算

东方地产采用分期收款结算方式出售高级公寓一栋，合同规定总价款为6 000 000元，分三次收取价款。房屋移交时，收取总价款的50%；第二年收取30%；第三年收取20%。该商品房的实际开发成本为5 000 000元。销售不动产的增值税税率为9%，作如下会计分录：

（1）移交商品房时，结转分期收款销售商品房的实际成本：

借：分期收款开发产品　　5 000 000

　　贷：开发产品——商品房　　5 000 000

（2）移交房屋收取50%的价款时：

借：银行存款　　3 270 000

　　贷：主营业务收入——商品房销售收入　　3 000 000

　　　　应交税费——应交增值税（销项税额）　　270 000

同时，结转相应的营业成本：

借：主营业务成本——商品房销售成本　　2 500 000

　　贷：分期收款开发产品　　2 500 000

企业在第二、第三年收取价款时，分别按各自的比例确认营业收入，结转营业成本和计算营业税金及附加。

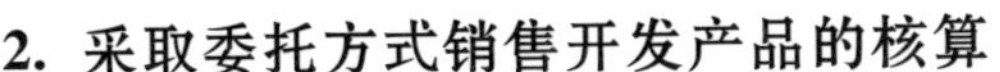

2. 采取委托方式销售开发产品的核算

（1）采取支付手续费方式委托销售开发产品的，应按实际销售额，于收到代销单位代销清单时确认收入。

（2）采取视同买断方式委托销售开发产品的，应按合同或协议规定的价格于收到代销单位代销清单时确认收入。

（3）采取包销方式委托销售开发产品的，应按包销合同或协议约定的价格于付款日确认收入的实现。包销方提前付款的，在实际付款日确认收入。

（4）采取基价（保底价）并实行超过基价双方分成方式委托销售开发产品的，应按基价加按超过基价分成比例计算的价格，于收到代销单位代销清单时确认收入。

下面主要介绍收取手续费方式和视同买断方式下的会计处理。

（1）收取手续费方式。

房地产开发企业采取支付手续费方式委托销售商品房的，在委托房地产代理销售机构销售商品房时因不需要进行实物交付，通常不确认销售收入，也不需要进行账务处理。而应在符合收入确认条件时确认销售商品收入。借记“银行存款”账户，贷记“主营业务收入”“应交税费——应交增值税（销项税额）”账户；结转成本，借记“主营业务成本”账户，贷记“开发产品”账户。销售成立后，按合同或协议约定支付给房地产代理销售机构的手续费应作为销售费用处理，借记“销售费用”账户，贷记“银行存款”等账户。

【例 4-8】　采用委托方式销售开发产品的会计核算

鑫鑫房地产公司委托甲专业销售公司销售其开发的商品房，双方约定，房屋销售价格由鑫鑫房地产公司定价，销售收款后甲专业销售公司按售价的 2% 收取手续费。月末，鑫鑫房地产开发公司收到甲专业销售公司开具的代销清单，共销售房屋 10 套，售价共计 500 万元。房屋开发成本为 350 万元。销售不动产的增值税税率为 9%，不考虑其他因素。

(1) 委托销售时，因不需要进行实物交付，不需要进行账务处理。

（2）买受人缴纳房款时，依据收款收据记账联、现金缴款单或银行收账通知等收款证明进行账务处理：

借：银行存款　　5 000 000

　　贷：预收账款　　5 000 000

（3）收到代销清单，支付甲专业销售公司手续费时，依据销售公司开具的代理销售发票和付款证明进行账务处理：

借：销售费用　　100 000

　　应交税率——应交增值税（进项税额）　　6 000

　　贷：银行存款　　106 000

（4）房屋竣工验收，移交买受人时，应确认商品房销售收入：

借：预收账款　　5 450 000

　　贷：主营业务收入　　5 000 000

　　　　应交税费——应交增值税（销项税额）　　450 000

（5）确认收入的同时，结转房屋销售成本：

借：主营业务成本　　3 500 000

　　贷：开发产品——房屋　　3 500 000

（2）视同买断方式。

房地产开发企业采取视同买断方式委托销售商品房的，如果房地产开发企业和受托方之间的协议明确标明，受托方在取得代销商品房后，无论是否卖出、是否获利，均与委托方无关，那么房地产开发企业和受托方之间的代销商品房交易，与房地产开发企业直接销售商品房给受托方没有实质区别，在符合销售商品房收入确认条件时，房地产开发企业应确认收入。如果房地产开发企业和受托方之间的协议明确标明，将来受托方没有将商品房售出时可以将商品房退回给委托方，或受托方因代销商品房出现亏损时可以要求房地产开发企业补偿，那么房地产开发企业在交付商品房时不应确认收入，受托方也不作购买商品房处理。受托方将商品房销售后，按实际售价确认销售收入，并向房地产开发企业开具代销清单，房地产开发企业收到代销清单时，再确认本企业的销售收入。

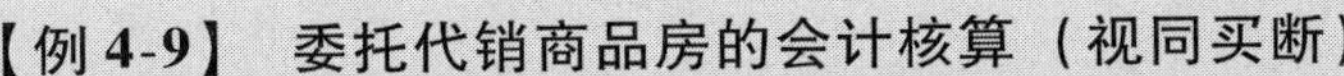

【例4-9】 委托代销商品房的会计核算（视同买断）

鑫鑫房地产公司委托甲专业销售公司销售其开发的商品房10套，协议价为500万元不含增值税，成本为350万元。代销协议约定，双方签订代销协议后，无论商品房是否能够卖出、是否获利，均与鑫鑫房地产公司无关。

鑫鑫房地产公司委托甲专业销售公司代销商品，属于视同买断方式。鑫鑫房地产公司的账务处理如下：

（1）代销商品房移交甲专业销售公司时，确认销售收入：

借：应收账款　　5 450 000

　　贷：主营业务收入　　5 000 000

　　　　应交税费——应交增值税（销项税额）　　450 000

（2）结转房屋销售成本：

借：主营业务成本　　3 500 000

　　贷：开发产品——房屋　　3 500 000

（3）收到甲专业销售公司销售商品房款，依据银行收账通知等收款证明进行账务处理：

借：银行存款　　5 550 000

　　贷：应收账款　　5 550 000

3. 附有销售退回条件的开发产品销售收入的核算

附有销售退回条件的商品销售，是指买受人依照有关协议有权退货的销售方式。在这种销售方式下，如果企业能够按照以往的经验对退货的可能性作出合理估计，应在发出商品时，将估计不会发生退货的部分确认收入，估计可能发生退货的部分不确认收入；如果企业不能合理地确定退货的可能性，则在售出商品的退货期满时确认收入。

4. 销售折扣、折让及退回的核算

房地产开发企业在销售过程中，由于各种原因会发生现金折扣、商业折扣、销售折让或销售退回等问题，应分不同情况进行处理。现金折扣是指房地产企业为鼓励买受人在规定的期限内付款而向买受人提供的折扣。销售商品房涉及现金折扣的，应当按照扣除现金折扣前的金额确定销售商品房收入。现金折扣在实际发生时计入财务费用。商业折扣是指房地产企业为促进商品房销售而在商品房标价上给予的价格扣除。销售商品房涉及商业折扣的，应当按照扣除商业折扣后的金额确定销售商品房收入。

销售折让是指房地产企业因售出商品房的质量不合格等原因而在售价上给予的减让。房地产企业已经确认销售商品房收入的售出商品房发生销售折让的，应当在发生时冲减当期销售商品房收入，属于资产负债表日后事项的，适用《企业会计准则第29号——资产负债表日后事项》。

销售退回是指房地产企业售出的商品由于质量、品种不符合要求等原因而发生的退货。销售退回应当分以下情况处理：（1）未确认收入的商品房退回，其会计处理比较简单，按照退回的房款，借记“预收账款”账户，贷记“银行存款”账户；采用分期收款销售方式的，应按照分期收款发出商品的成本，借记“开发产品”账户，贷记“分期收款开发产品”账户。（2）已确认收入的销售商品退回，一般情况下应直接冲减退回当月的销售收入、销售成本，并扣减增值税销项税额等。如果该项销售已发生现金折扣，应在退回当月一并处理，按已付或应付的余额冲减营业收入时，借记“主营业务收入”账户，贷记“银行存款”、“应付账款”等账户；按退回商品的成本，借记“开发产品”账户，贷记“主营业务成本”账户。（3）资产负债表日及以前售出的商品在资产负债表日至财务会计报告批准报出日之间发生退回的，应当作为资产负债表日后事项的调整事项处理，调整报告年度的收入、成本等。如果该项销售在资产负债表日及以前发生现金折扣的，还应同时冲减报告年度的现金折扣。

二、土地使用权转让的会计核算

开发企业开发的商品性土地，可以将土地使用权进行转让，但在向其他单位转让时，必须按照法律和合同的规定，投入相当的资金，完成相应的开发。

转让土地使用权应签订转让合同，在合同中载明土地的位置、四周边界、面积、地上附着物、土地用途、建筑物高度、绿化面积、土地转让期限、土地转让金的支付方式和违约责任等。

土地转让交易可以采用协议、招标、拍卖等方式。土地转让的价格根据地理位置、经济环境、土地用途、土地转让期限、房地产市场供求等因素决定，并报当地土地管理机关备案。

对其他单位转让的土地，应在移交、转让土地，并将发票、账单提交买主时，按其转让价格借记“银行存款”、“应收账款”等科目，贷记“主营业务收入——土地转让收入”和“应交税费——应交增值税（销项税额）”科目。

月份终了，应将转让的土地实际开发成本自“开发产品——商品性土地”账户的贷方转入“主营业务成本”或“主营业务成本——土地转让成本”账户的借方，作会计分录如下：

借：主营业务成本——土地转让成本

　　贷：开发产品——商品性土地

【例 4-10】 土地使用权转让的会计核算

鑫鑫房地产公司对外转让已开发完成的土地一块，价值 2 000 万元，增值税销项税额 180 万元，实际取得成本为 1 300 万元，已办妥转让手续，价款已收讫并存入开户银行。应进行如下会计处理：

（1）依据发票账单、收款证明，确认已实现的土地转让收入：

借：银行存款　　21 800 000

　　贷：主营业务收入——土地转让收入　　20 000 000

　　　　应交税费——应交增值税（销项税费）　　1 800 000

（2）结转已转让的土地实际成本：

借：主营业务成本——土地转让成本　　13 000 000

　　贷：开发产品——商品性土地　　13 000 000

三、配套设施转让的核算

开发企业在房地产开发过程中，按照城市建设规划开发的大型配套设施如商店、邮局、银行储蓄所等，可以进行有偿转让。对有偿转让的配套设施，应在办理财产交接手续，并将配套设施工程价款账单提交有关单位时，按其转让价格，借记“银行存款”、“应收账款”等科目，贷记“主营业务收入——配套设施销售收入”科目。

月份终了，应将转让配套设施的实际开发成本自“开发产品——配套设施”账户的贷方转入“主营业务成本——配套设施销售成本”成本账户的借方，作会计分录如下：

借：主营业务成本——配套设施销售成本

　　贷：开发产品——配套设施

开发企业如将开发的大型配套设施如商店用于本企业从事第三产业经营用房，应视同自用固定资产进行处理，并将用于自营的配套设施的实际开发成本，自“开发产品——配套设施”账户的贷方转入“固定资产”账户的借方，作会计分录如下：

借：固定资产

　　贷：开发产品——配套设施

四、销售周转房的核算

周转房在改变用途对外销售时，应视同商品房销售加以处理。周转房在销售以前，往往要对其进行改装修复。在改装修复时发生的各项费用，应借记“销售费用”科目，贷记“应付账款”、“银行存款”等科目。周转房在改装修复后对外销售时，应办理房屋交接手续，并根据账单价款，借记“应收账款”、“银行存款”等科目，贷记“主营业务收入——周转房销售收入”科目。同时应结转对外销售周转房的销售成本。在结转周转房销售成本时，应按周转房的原值扣除累计摊销额的净值，借记“周转房——周转房摊销”、“主营业务成本——周转房销售成本”科目，贷记“周转房——在用周转房”科目。

五、代建工程收入的核算

房地产开发企业的代建工程，一般采用竣工后一次结算的办法。企业可向发包单位预收一定数额的工程款和备料款，在“预收账款”账户核算，期末或竣工结算工程价款时，从应收工程款中扣除。

【例 4-11】 代建工程收入的会计核算

鑫鑫房地产开发企业接受委托代建一项工程，发生如下业务：

(1) 收到委托方按合同拨付的材料款 250 万元。

借：银行存款	2 500 000	
贷：预收账款		2 500 000

(2) 按工程施工进度向委托方预收工程款150万元。

借：银行存款　1 500 000

　贷：预收账款　1 500 000

(3) 代建的工程竣工，验收合格，结算工程价款500万元。代建业务的增值税税率为6%

借：预收账款　4 000 000

　应收账款　1 000 000

　贷：主营业务收入——代建工程结算收入　4 716 981.13

　　应交税费——应交增值税（销项税额）　283 018.87

(4) 与委托方结清工程款，收取余款100万元。

借：银行存款　1 000 000

　贷：应收账款　1 000 000

六、其他业务收入的核算

其他业务收入是指企业根据收入准则确认的除主营业务以外的其他经营活动实现的收入，包括出租固定资产、出租无形资产、出租包装物和商品、销售材料等实现的收入。

为了核算和监督企业其他业务收入的实现及其相关成本的结转情况，房地产开发企业应设置下列会计账户。

(1)“其他业务收入”账户。该账户用来核算根据收入准则确认的除主营业务以外的其他经营活动实现的收入。该账户的贷方登记其他业务收入的增加，借方登记其他业务收入的减少或转出。企业确认的其他业务收入，借记“银行存款”、“应收账款”等账户，贷记“其他业务收入”、“应交税费——应交增值税（销项税额）”等账户。企业以原材料进行非货币性资产交换（在非货币性资产交换具有商业实质且公允价值能够可靠计量的情况下）或债务重组，应按照用于交换或抵债的原材料公允价值，借记有关资产账户或“应付账款”等账户，贷记“其他业务收入”。本账户应当按照其他业务收入种类进行明细核算。期末，将其余额转入“本年利润”账户，结转后无余额。

需要说明的是，企业出租固定资产取得的租赁收入在“租赁收入”

账户核算，不在本账户核算。采用成本模式计量的投资性房地产取得的租金收入，通过本账户核算。

（2）“其他业务成本”账户。该账户核算企业除主营业务成本以外的其他经营活动所发生的支出，包括销售材料的成本、出租固定资产的累计折旧、出租无形资产的累计摊销、出租包装物的成本或摊销额、采用成本模式计量的投资房地产的累计折旧或累计摊销等。企业发生的其他业务成本，借记“其他业务成本”，贷记“原材料”、“包装物”、“低值易耗品”、“累计折旧”、“累计摊销”、“应付职工薪酬”、“银行存款”等账户。企业以原材料进行非货币性资产交换（在非货币性资产交换具有商业实质且公允价值能够可靠计量的情况下）或债务重组，应按用于交换或抵债的原材料的账面余额，借记“其他业务成本”，贷记“原材料”账户。已计提存货跌价准备的，还应同时结转已计提的存货跌价准备。本账户应当按照其他业务成本种类进行明细核算。期末，将其余额转入“本年利润”账户，结转后无余额。

需要说明的是，企业除主营业务成本以外的其他经营活动发生的相关税费在“营业税金及附加”账户核算，不在本账户核算。

【例 4-12】 其他业务收入的会计核算

某企业一个研究开发项目获得成功，并申请了专利，该无形资产的成本为 80 000 元，现将该无形资产出售，获得转让收入100 000 元，增值税销项税额 6 000 元。并发生了培训费用等支出 2 000 元。该企业作如下会计分录：

借：银行存款　　106 000

　　贷：其他业务收入　　100 000

　　　　应交税费——应交增值税（销项税额）　　6 000

借：其他业务成本　　80 000

　　贷：无形资产——专利权　　80 000

借：其他业务成本　　2 000

　　贷：银行存款　　2 000

第五章　投资性房地产

本章导读

随着我国社会主义市场经济的发展和完善，房地产市场日益活跃，企业持有的房地产除了用作自身管理、生产经营活动场所和对外销售外，出现了将房地产用于赚取租金或增值收益的经营活动，甚至将其作为个别企业的主营业务。根据新会计准则的规定，我国现在把这部分经营性租赁租出的房产作为投资性房地产进行核算。我们将在本章进行详细讲解，主要内容包括以下几点：

(1) 投资性房地产的定义和特征；
(2) 投资性房地产的纳税及其会计处理；
(3) 投资性房地产的会计确认和初始计量；
(4) 投资性房地产的后续计量；
(5) 投资性房地产的转换和处置。

第一节　投资性房地产的特征与范围

一、投资性房地产的定义及特征

随着我国社会主义市场经济的发展和完善，房地产市场日益活跃，企业持有的房地产，除了用作自身管理、生产经营活动场所和对外销售之外，出现了将房地产用于赚取租金或增值收益的经营活动，甚至将其作为个别企业的主营业务。就某些企业而言，投资性房地产属于日常经营性活动，形成的租金收入或转让增值收益确认为企业的主营业务收入，但对于大部分企业则确认为其他业务收入。投资性房地产的确认、计量和披露适用《企业会计准则第3号——投资性房地产》（以下简称投资性房地产准则）的规定，房地产租金收入的确认、计量和披露适用《企业会计准则第21号——租赁》的规定。

投资性房地产是指为赚取租金或资本增值，或者两者兼有而持有的房地产。投资性房地产主要有以下特征，具体见表5-1。

表5-1　投资性房地产的特征

特征	具体说明
投资性房地产是一种经营性活动	投资性房地产的主要形式是出租建筑物、土地使用权，实质上属于一种让渡资产使用权行为。房地产租金就是让渡资产使用权取得的使用费收入，是企业为完成经营目标所从事的经营性活动以及与之相关的其他活动形成的经济利益总流入。投资性房地产的另一种形式是持有并准备增值后转让的土地使用权，其增值收益通常与市场供求、经济发展等因素相关

（续表）

特征	具体说明
投资性房地产在用途、状态、目的等方面区别于作为生产经营场所的房地产和用于销售的房地产	需要将投资性房地产单独作为一项资产核算和反映，与自用的厂房、办公楼等房地产和作为存货（已建完工商品房）的房地产加以区别，从而更加清晰地反映企业所持有的房地产的构成情况和盈利能力。企业在首次执行投资性房地产准则时，应当根据投资性房地产的定义对企业资产进行重分类，凡是符合投资性房地产定义和确认条件的建筑物和土地使用权，应当归为投资性房地产
投资性房地产有两种后续计量模式	企业通常应当采用成本模式对投资性房地产进行后续计量，只有在满足特定条件下，即有确凿证据表明其持有投资性房地产的公允价值能够可靠计量的，才可以采用公允价值模式进行后续计量。但是，同一企业只能采用一种模式对投资性房地产进行后续计量，不得同时采用两种计量模式

二、投资性房地产的范围

投资性房地产的范围包括：已出租的土地使用权、持有并准备增值后转让的土地使用权、已出租的建筑物。

（一）已出租的土地使用权

已出租的土地使用权是指企业通过出让或转让方式取得的、以经营租赁方式出租的土地使用权。企业取得的土地使用权通常包括在一级市场上以缴纳土地出让金的方式取得的土地使用权，也包括在二级市场上接受其他单位转让的土地使用权。例如，甲公司与乙公司签署了土地使用权租赁协议，甲公司以年租金720万元租赁使用乙公司拥有的40万平方米土地使用权。那么，自租赁协议约定的租赁期开始日起，这项土地使用权就属于乙公司的投资性房地产。

对于以经营租赁方式租入土地使用权再转租给其他单位的，不能确认为投资性房地产。

（二）持有并准备增值后转让的土地使用权

持有并准备增值后转让的土地使用权，是指企业取得的、准备增值后转让的土地使用权。这类土地使用权很可能给企业带来资本增值收益，符合投资性房地产的定义。例如，企业发生转产或厂址搬迁，部分土地使用权停止自用，企业管理当局（董事会或类似机构）作出书面决议明确继续持有这部分土地使用权，待其增值后转让以赚取增值收益。但是，按照国家有关规定认定的闲置土地，不属于持有并准备增值后转让的土地使用权。

（三）已出租的建筑物

已出租的建筑物是指企业拥有产权、以经营租赁方式出租的建筑物，包括自行建造或开发活动完成后用于出租的建筑物。比如，甲公司将其拥有的某栋厂房整体出租给乙公司，租赁期 2 年。对于甲公司而言，一般自租赁期开始日起，这栋厂房属于投资性房地产。企业在判断和确认已出租的建筑物时，应当把握以下要点。

（1）用于出租的建筑物是指企业拥有产权的建筑物。企业以经营租赁方式租入再转租的建筑物不属于投资性房地产。例如，甲企业与乙企业签订了一项经营租赁合同，乙企业将其持有产权的一栋办公楼出租给甲企业，租期 5 年。甲企业一开始将该办公楼改装后用于自行经营餐馆。2 年后，由于连续亏损，甲企业将餐馆转租给丙公司，以赚取租金差价。这种情况下，对于甲企业而言，该栋楼不属于其投资性房地产，对于乙企业而言，则属于其投资性房地产。

（2）已出租的建筑物是企业与他方签订租赁协议，约定以经营租赁方式出租的建筑物。一般应自租赁协议规定的租赁期开始日，经营租出的建筑物才属于已出租的建筑物。通常情况下，对企业持有以备经营出租的空置建筑物，如董事会或类似机构作出书面决议，明确表明将其用于经营出租且持有意图短期内不再发生变化的，即使尚未签订租赁协议，也应视为投资性房地产。这里的空置建筑物是指企业新购入、自行建造或开发完工但尚未使用的建筑物，以及不再用于日常生产经营活动且经整理后达到可经营出租状态的建筑物。例如，甲企业在当地房地产交易中心通过竞拍取得一块土地使用权，甲企业按照合同规定对这块土地进行开发，并在这块土地上建造了一栋商场，拟用于整体出租，但尚未开发完工。本例中，该尚未开发完工的商场不属于“空置建筑物”，不属于投资性房地产。

（3）企业将建筑物出租，按租赁协议向承租人提供的相关辅助服务在整个协议中不重大的，应当将该建筑物确认为投资性房地产。例如，企业将其办公楼出租，同时向承租人提供维护、保安等日常辅助服务，企业应当将其确认为投资性房地产。再如，甲企业购买了一栋写字楼，共 12 层。其中 1 层经营出租给某家大型超市，2 ~ 5 层经营出租给乙公司，6 ~ 12 层经营出租给丙公司。甲企业同时为该写字楼提供保安、维修等日常辅助服务。本例中，甲企业将写字楼出租，同时提供的辅助服务不重大，属于甲企业的投资性房地产。

此外，下列项目不属于投资性房地产。

（1）自用房地产。

自用房地产是指为生产商品、提供劳务或者经营管理而持有的房地产。如企业生产经营用的厂房和办公楼属于固定资产；企业生产经营用的土地使用权属于无形资产。自用房地产的特征在于服务于企业自身的生产经营活动，其价值将随着房地产的使用而逐渐转移到企业的产品或服务中去，通过销售商品或提供服务以实现经济利益，在产生现金流量的过程中，与企业持有的其他资产密切相关。

（2）作为存货的房地产。

作为存货的房地产通常是指房地产开发企业在正常经营过程中销售的或为销售而正在开发的商品房和土地。这部分房地产属于房地产开发企业的存货，其生产、销售构成企业的主营业务活动，产生的现金流量也与企业的其他资产密切相关。因此，具有存货性质的房地产不属于投资性房地产。

从事房地产开发经营的企业依法取得的、用于开发后出售的土地使用权，属于房地产开发企业的存货，即使房地产开发企业决定待增值后再转让其开发的土地，也不得将其确认为投资性房地产。

第二节　投资性房地产纳税处理

房地产开发企业对持有的投资性房地产，主要应纳税种有增值税、城市维护建设税、教育费附加、城镇土地使用税、房产税、印花税和企业所得税等。

一、增值税及附加

增值税一般纳税人以经营租赁方式出租其取得的不动产，应该缴纳增值税。

取得的不动产，包括以直接购买、接受捐赠、接受投资入股、自建以及抵债等各种形式取得的不动产。

一般纳税人出租不动产，按照以下规定缴纳增值税：

（1）一般纳税人出租其 2016 年 4 月 30 日前取得的不动产，可以选择适用简易计税方法，按照 5% 的征收率计算应纳税额。

不动产所在地与机构所在地不在同一县（市、区）的，纳税人应按照上述计税方法向不动产所在地主管国税机关预缴税款，向机构所在地主管国税机关申报纳税。

不动产所在地与机构所在地在同一县（市、区）的，纳税人向机构所在地主管国税机关申报纳税。

（2）一般纳税人出租其 2016 年 5 月 1 日后取得的不动产，适用一般计税方法计税。

不动产所在地与机构所在地不在同一县（市、区）的，纳税人应按照 3% 的预征率向不动产所在地主管国税机关预缴税款，向机构所在地主管国税机关申报纳税。

不动产所在地与机构所在地在同一县（市、区）的，纳税人应向机构所在地主管国税机关申报纳税。

一般纳税人出租其 2016 年 4 月 30 日前取得的不动产适用一般计税方法计税的，按照上述规定执行。

二、印花税

对房地产开发企业出租的投资性房地产签订的租赁合同，根据《中华人民共和国印花税暂行条例》（1988 年 8 月 6 日国务院令第 11 号）及其相关规定，按照财产租赁合同征收印花税，按合同记载金额的 1‰贴花，税额不足 1 元，按 1 元贴花；持有并准备增值后转让的土地使用权转让时签订的土地使用权转让合同，应按产权转移收据，按合同记载金额的 0.5‱贴花。

【例 5-1】　印花税的计算

鑫鑫房地产公司与甲公司签订租赁合同，经营租赁合同规定，租期一年，年租金为 360 万元。鑫鑫房地产公司与甲公司签订租赁合同时，应纳印花税为：应纳印花税 = 360 × 1‰ = 0.36（万元）。

三、房产税

房地产开发企业持有投资性房地产，根据《中华人民共和国房产税暂行条例》等相关规定，应当缴纳房产税。房产税实行按年征收、分期缴纳，在房产所在地主管税务机关申报纳税。具体纳税期限由省、自治区、直辖市人民政府确定。投资性房地产的计税依据分为从价计征和从租计征两种形式，见表 5-2。

表 5-2　房产税的计税方式

计税方式	计税方法
从价计征	通常情况下，对房地产开发企业持有的以备经营出租的空置建筑物，尚未出租时，应当采用从价计征的形式缴纳房产税，计税依据为房产原值一次减除 10% ~30% 后的余值，按 1.2% 的税率计算缴纳
从租计征	对房地产开发企业出租的投资性房地产，采用从租计征的形式。房地产开发企业向房产承租方出租用于经营房产，以租金收入的 12% 计算缴纳房产税，房地产开发企业按市场价格向个人出租用于居住的住房，应根据财税［2008］24 号文件的规定以租金收入 4% 计算缴纳房产税

【例 5-2】 房产税的计算（以房产原值计算）

鑫鑫房地产公司持有以备经营出租的空置房屋，原值为 5 000 万元，按照当地规定允许减除 30% 后的余值计税，适用税率为 1.2%。鑫鑫房地产公司每年应纳房产税为：

应纳房产税 = 应税房产原值 ×（1 - 扣除比例）×1.2%

= 5 000 ×（1 - 30%）×1.2% = 42（万元）。

【例 5-3】 房产税的计算（以租金计算）

鑫鑫房地产公司出租办公楼一栋，年租金收入为 360 万元，适用税率为 12%。鑫鑫房地产公司每年应纳房产税为：

应纳房产税 = 租金收入 ×12% = 360 ×12% = 43.2（万元）。

第三节 投资性房地产的账务处理

一、投资性房地产的确认和初始计量

投资性房地产只有在符合定义的前提下，同时满足下列条件，才能予以确认：（1）与该投资性房地产有关的经济利益很可能流入企业；（2）该投资性房地产的成本能够可靠地计量。投资性房地产的确认时点有以下 2 种情形，具体见表 5-3。

表 5-3 投资性房地产的确认时点

种类	确认时点
已出租的土地使用权、已出租的建筑物	确认时点一般为租赁期开始日，即土地使用权、建筑物出租、开始赚取租金的日期
持有并准备增值后转让的土地使用权	确认时点为企业将自用土地使用权停止使用，准备增值后转让的日期

（一）外购投资性房地产的确认和初始计量

在采用成本模式下计量的外购的土地使用权和建筑物，按照取得时的实际成本进行初始计量，借记“投资性房地产”科目，贷记“银行存款”等科目。取得的实际成本包括购买价款、相关税费和可直接归属于该资产的其他支出。企业购入的房地产，部分用于出租（或资本增值）、部分自用，用于出租（或资本增值）的部分单独予以确认的，应按照不同部分的公允价值占公允价值总额的比例将成本在不同部分之间进行分配。

在采用公允价值模式下计量的外购的投资性房地产应当按照取得时的实际成本进行初始计量，其实际成本的确定与采用成本模式计量的投资性房地产一致。企业应当在“投资性房地产”科目下设置“成本”和“公允价值变动”两个明细科目，按照外购的土地使用权和建筑物发生的实际成本，计入“投资性房地产——成本”科目。

【例5-4】　外购投资性房地产的确认和初始计量的会计核算

2×19年3月，甲房地产公司计划购入一栋写字楼用于对外出租。3月15日，甲房地产公司与乙企业签订了经营租赁合同，约定自写字楼购买日起将这栋写字楼出租给乙企业，为期5年。4月5日，甲房地产公司实际购入写字楼，支付价款共200万元（假设不考虑其他因素，甲房地产公司采用成本模式进行后续计量）。

甲房地产公司的账务处理如下：

借：投资性房地产——写字楼　　2 000 000

　　贷：银行存款　　2 000 000

假设甲房地产公司拥有的投资性房地产符合采用公允价值模式计量的条件，采用公允价值模式进行后续计量。

甲房地产公司的账务处理如下：

借：投资性房地产——成本（写字楼）　　2 000 000

　　贷：银行存款　　2 000 000

（二）自行建造投资性房地产的确认和初始计量

自行建造投资性房地产，其成本由建造该项资产达到预定可使用状态前发生的必要支出构成，包括土地开发费、建筑成本、安装成本、应予以资本化的借款费用、支付的其他费用和分摊的间接费用等。建造过程中发生的非正常损失，直接计入当期损益，不计入建造成本。采用成本模式计量的，应按照确定的成本，借记“投资性房地产”科目，贷记“在建工程”或“开发成本”科目。采用公允价值模式计量的，应按照确定的成本，借记“投资性房地产——成本”科目，贷记“在建工程”或“开发成本”科目。

【例 5-5】 自行建造投资性房地产的确认和初始计量的会计核算

2×19 年 1 月，鑫鑫房地产公司从其他单位购入一块土地使用权，并在这块土地上开始自行建造三栋厂房。2×19 年 10 月，鑫鑫房地产公司预计厂房即将完工，与乙公司签订了经营租赁合同，将其中的一栋厂房租赁给乙公司使用。租赁合同约定，该厂房于完工（达到预定可使用状态）时出租。2×19 年 11 月 1 日，三栋厂房同时完工（达到预定可使用状态）。该块土地使用权的成本为 60 万元；三栋厂房的实际造价均为1 000万元，能够单独出售。假设鑫鑫房地产公司采用成本模式计量。

鑫鑫房地产公司的账务处理如下：

土地使用权中的对应部分同时转换为投资性房地产 =［60 ×（1 000 ÷ 3 000）］=20（万元）

借：投资性房地产——厂房　　10 000 000

　　贷：在建工程　　10 000 000

借：投资性房地产——土地使用权　　200 000

　　贷：无形资产——土地使用权　　200 000

（三）非投资性房地产转换为投资性房地产的确认和初始计量

非投资性房地产转换为投资性房地产，实质上是因房地产用途发生改变而对房地产进行的重分类。转换日通常为租赁期开始日。

二、与投资性房地产有关的后续支出

（一）资本化的后续支出

与投资性房地产有关的后续支出，满足投资性房地产确认条件的，应当计入投资性房地产成本。例如，企业为了提高投资性房地产的使用效能，往往需要对投资性房地产进行改建、扩建而使其更加坚固耐用，或者通过装修而改善其室内装潢，改扩建或装修支出满足确认条件的，应当将其资本化。企业对某项投资性房地产进行改扩建等再开发且将来仍作为投资性房地产的，在再开发期间应继续将其作为投资性房地产，再开发期间不计提折旧或摊销。

【例 5-6】 投资性房地产资本化的后续支出的会计核算（采用成本模式后续计量）

2×19 年 3 月，鑫鑫房地产公司与乙企业的一项厂房经营租赁合同即将到期。该厂房按照成本模式进行后续计量，原价为 200 万元，已计提折旧 60 万元。为了提高厂房的租金收入，鑫鑫房地产公司决定在租赁期满后对厂房进行改扩建，并与丙企业签订了经营租赁合同，约定自改扩建完工时将厂房出租给丙企业。3 月 15 日，与乙企业的租赁合同到期，厂房随即进入改扩建工程。12 月 10 日，厂房改扩建工程完工，共发生支出 150 万元，即日按照租赁合同出租给丙企业。假设鑫鑫房地产公司采用成本计量模式。

本例中，改扩建支出属于资本化的后续支出，应当计入投资性房地产的成本。

鑫鑫房地产公司的账务处理如下：

（1）2×19 年 3 月 15 日，投资性房地产转入改扩建工程：

借：投资性房地产——厂房（在建）　　1 400 000
　　投资性房地产累计折旧　　600 000
　　贷：投资性房地产——厂房　　2 000 000

（2）2×19 年 3 月 15 日—12 月 10 日：

借：投资性房地产——厂房（在建）　　1 500 000
　　贷：银行存款等　　1 500 000

（3）2×19 年 12 月 10 日，改扩建工程完工：

借：投资性房地产——厂房　　2 900 000
　　贷：投资性房地产——厂房（在建）　　2 900 000

【例 5-7】 投资性房地产资本化的后续支出的会计核算（采用公允价值模式后续计量）

2×19 年 3 月 15 日，鑫鑫房地产公司从乙企业租赁取得一厂房进行改扩建，并与丙企业签订了经营租赁合同，约定自改扩建完工时将厂房出租给丙企业。厂房账面余额为1 300万元，其中成本 1 000 万元，累计公允价值变动 300 万元。11 月 10 日，厂房改扩建工程完工，共发生支出 150 万元，即日起按照租赁合同出租给丙企业。假设鑫鑫房地产公司采用公允价值模式计量。

鑫鑫房地产公司的账务处理如下：（1）2×19 年 3 月 15 日，投资性房地产转入改扩建工程：

借：投资性房地产——厂房（在建）	13 000 000	
贷：投资性房地产——成本		10 000 000
——公允价值变动		3 000 000

（2）2×19 年 3 月 15 日—11 月 10 日，发生改扩建支出：

借：投资性房地产——厂房（在建）	1 500 000	
贷：银行存款		1 500 000

（3）2×19 年 11 月 10，改扩建工程完工：

借：投资性房地产——成本	14 500 000	
贷：投资性房地产——厂房（在建）		14 500 000

（二）费用化的后续支出

与投资性房地产有关的后续支出，不满足投资性房地产确认条件的，应当在发生时计入当期损益。例如，企业对投资性房地产进行日常维护发生的支出。企业在发生投资性房地产费用化的后续支出时，借记“其他业务成本”等科目，贷记“银行存款”等科目。

【例5-8】　投资性房地产费用化的后续支出的会计核算

甲房地产公司对其投资性房地产进行日常维修，发生维修支出1.2万元。

本例中，日常维修支出属于费用化的后续支出，应当计入当期损益。

甲房地产公司的账务处理如下：

借：其他业务成本　　12 000

　　贷：银行存款等　　12 000

三、投资性房地产的后续计量

投资性房地产的后续计量主要包括3种模式，见图5-1。

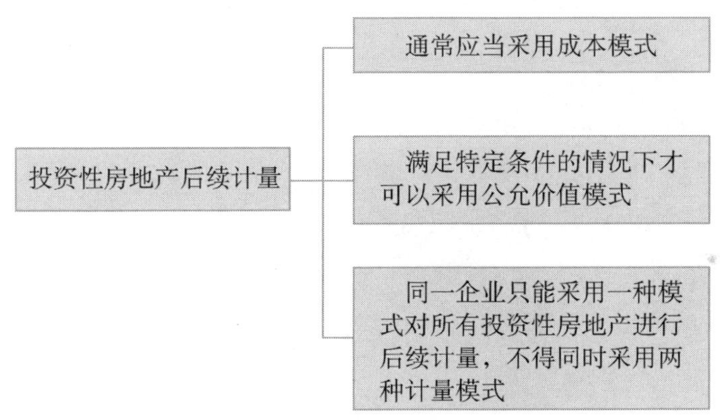

图5-1　投资性房地产后续计量模式

（一）采用成本模式进行后续计量的投资性房地产

采用成本模式进行后续计量的投资性房地产，应当按照《企业会计准则第4号——固定资产》或《企业会计准则第6号——无形资产》的有关规定，按期（月）计提折旧或摊销，借记“其他业务成本”等科目，贷记“投资性房地产累计折旧（摊销）”科目。取得的租金收入，借记“银行存款”等科目，贷记“其他业务收入”等科目。

投资性房地产存在减值迹象的，还应当适用资产减值的有关规定。

经减值测试后确定发生减值的，应当计提减值准备，借记“资产减值损失”科目，贷记“投资性房地产减值准备”科目。如果已经计提减值准备的投资性房地产的价值又得以恢复，不得转回。

【例 5-9】投资性房地产的后续计量的会计核算（采用成本模式后续计量）

甲房地产公司的一栋办公楼出租给乙企业使用，已确认为投资性房地产，采用成本模式进行后续计量。假设这栋办公楼的成本为 1 800 万元，按照直线法计提折旧，使用寿命为 30 年，预计净残值为零。按照租赁合同，乙房地产公司每月支付给甲房地产公司租金 8 万元。当年年末，该栋办公楼发生减值迹象，经减值测试，其可收回金额为 1 200 万元，此时办公楼的账面价值为 1 500 万元，以前未计提减值准备。

甲房地产公司的账务处理如下：

（1）计提折旧：

每月计提的折旧 = 1 800 ÷ 30 ÷ 12 = 5（万元）

借：其他业务成本　　50 000

　　贷：投资性房地产累计折旧　　50 000

（2）确认租金：

借：银行存款（或其他应收款）　　80 000

　　贷：其他业务收入　　80 000

（3）计提减值准备：

借：资产减值损失　　3 000 000

　　贷：投资性房地产减值准备　　3 000 000

（二）采用公允价值模式进行后续计量的投资性房地产

企业存在确凿证据表明投资性房地产的公允价值能够可靠计量的，可以对投资性房地产采用公允价值模式进行后续计量。企业选择公允价值模式，就应当对其所有投资性房地产采用公允价值模式进行后续计量。在极少数情况下，采用公允价值对投资性房地产进行后续计量的企业，有证据表明，当企业首次取得某项投资性房地产（或某项现有房地产在完成建造或开发活动或改变用途后首次成为投资性房地产）时，该投资性房地产公允价值不能可靠计量的，应当对该投资性房地产采用成本模式计量；采用成本模式对投资性房地产进行后续计量的企业，即使有证据表明，企业首次取得某项投资性房地产的公允价值能够可靠计量的，该企业仍应对该项投资性房地产采用成本模式进行后续计量。具体内容见图5-2。

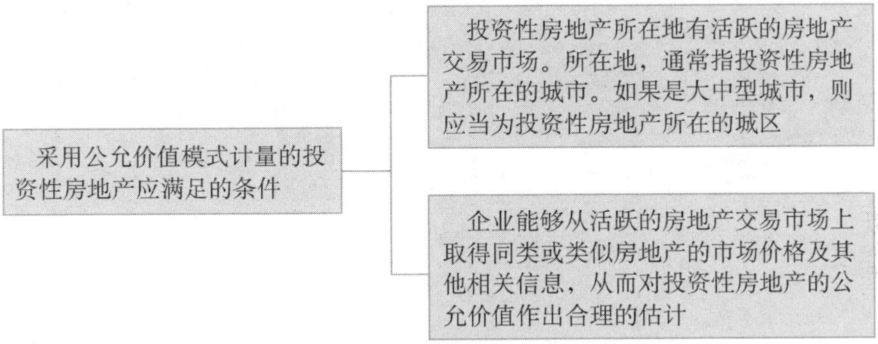

采用公允价值模式计量的投资性房地产应满足的条件

投资性房地产所在地有活跃的房地产交易市场。所在地，通常指投资性房地产所在的城市。如果是大中型城市，则应当为投资性房地产所在的城区

企业能够从活跃的房地产交易市场上取得同类或类似房地产的市场价格及其他相关信息，从而对投资性房地产的公允价值作出合理的估计

图5-2　采用公允价值计量的条件

投资性房地产的公允价值是指在公平交易中，熟悉情况的当事人之间自愿进行房地产交换的价格。确定投资性房地产的公允价值时，应当参照活跃市场上同类或类似房地产的现行市场价格（市场公开报价）；无法取得同类或类似房地产现行市场价格的，应当参照活跃市场上同类或类似房地产的最近交易价格，并考虑交易情况、交易日期、所在区域等因素，从而对投资性房地产的公允价值作出合理的估计；也可以基于预计未来获得的租金收益和相关现金流量的现值计量。“同类或类似”的房地产，对建筑物而言，是指所处地理位置和地理环境相同、性质相同、结构类型相同或相近、新旧程度相同或相近、可使用状况相同或相近的建筑物；对土地使用权而言，是指同一位置区域、所处地理环境相同或相近、可使用状况相同或相近的土地。

投资性房地产采用公允价值模式进行后续计量的，不计提折旧或摊销，应当以资产负债表日的公允价值计量。资产负债表日，投资性房地产的公允价值高于其账面价值的差额，借记“投资性房地产——公允价值变动”科目，贷记“公允价值变动损益”科目；公允价值低于其账面

价值的差额作相反的会计分录。

【例 5-10】 投资性房地产的后续计量的会计核算（采用公允价值模式后续计量）

鑫鑫房地产公司是从事房地产经营开发的企业。2×19 年 8 月，鑫鑫房地产公司与乙公司签订租赁协议，约定将鑫鑫房地产公司开发的一栋精装修的写字楼于开发完成的同时租赁给乙公司使用，租期为 10 年。当年 10 月 1 日，该写字楼开发完成并开始起租，写字楼的造价为 900 万元。2×19 年 12 月 31 日，该写字楼的公允价值为 920 万元。假设鑫鑫房地产公司采用公允价值模式计量。

鑫鑫房地产公司的账务处理如下：

（1）2×19 年 10 月 1 日，鑫鑫房地产公司开发完成写字楼并出租：

借：投资性房地产——成本　　9 000 000

　　贷：开发成本　　9 000 000

（2）2×19 年 12 月 31 日，以公允价值为基础调整其账面价值；公允价值与原账面价值之间的差额计入当期损益：

借：投资性房地产——公允价值变动　　200 000

　　贷：公允价值变动损益　　200 000

（三）投资性房地产后续计量模式的变更

为保证会计信息的可比性，企业对投资性房地产的计量模式一经确定，不得随意变更。只有在房地产市场比较成熟、能够满足采用公允价值模式条件的情况下，才允许企业对投资性房地产从成本计量模式变更为公允价值计量模式。

成本模式转为公允价值模式的，应当作为会计政策变更处理，并按计量模式变更时公允价值与账面价值的差额调整期初留存收益。已采用公允价值模式计量的投资性房地产，不得从公允价值模式转为成本模式。

【例 5-11】　投资性房地产的后续计量模式变更的会计核算

2×18 年，鑫鑫房地产公司将一栋写字楼对外出租，采用成本模式进行后续计量。2×19 年 2 月 1 日，假设鑫鑫房地产公司持有的投资性房地产满足采用公允价值模式条件，鑫鑫房地产公司决定采用公允价值模式对该写字楼进行后续计量。2×19 年 2 月 1 日，该写字楼的原价为9 300万元，已计提折旧 270 万元，公允价值为 9 800 万元。鑫鑫房地产公司按净利润的 10% 计提盈余公积。假定除上述对外出租的写字楼外，鑫鑫房地产公司无其他的投资性房地产。

鑫鑫房地产公司的账务处理如下：

借：投资性房地产——成本	98 000 000	
投资性房地产累计折旧	2 700 000	
贷：投资性房地产		93 000 000
利润分配——未分配利润		6 930 000
盈余公积		770 000

四、投资性房地产的转换

（一）投资性房地产转换形式和转换日

1. 房地产转换形式

房地产转换是因房地产用途发生改变而对房地产进行的重分类。这里所说的房地产转换是针对房地产用途发生改变而言，而不是后续计量模式的转变。企业必须有确凿证据表明房地产用途发生改变，才能将投资性房地产转换为非投资性房地产或者将非投资性房地产转换为投资性房地产，例如自用的办公楼改为出租等。这里的确凿证据包括两个方面：一是企业董事会或类似机构应当就改变房地产用途作出正式的书面决议；二是房地产因用途改变而发生实际状态上的改变，如从自用状态改为出租状态。房地产转换形式：（1）投资性房地产开始自用，相应地由投资性房地产转换为固定资产或无形资产。投资性房地产开始自用是指企业将原来用于赚取租金或资本增值的房地产改为用于生产商品、提供劳务或者经营管理。（2）作为存货的房地产改为出租，通常指房地产开发企业将其持有的开发产品以经营租赁的方式出租，相应地由存货转换为投资性房地产。（3）自用土地使用权停止自用，用于赚取租金或资本增值，相应地由无形资产转换为投资性房地产。（4）自用建筑物停止自用，改为出租，相应地由固定资产转换为投资性房地产。（5）房地产企业将用于经营出租的房地产重新开发用于对外销售，从投资性房地产转为存货。

2. 投资性房地产转换日的确定

转换日的确定关系到资产的确认时点和入账价值，因此非常重要。转换日是指房地产的用途发生改变、状态相应发生改变的日期。转换日的确定标准见表5-4。

表5-4　转换日的确定标准

使用类型	确认标准
投资性房地产开始自用	转换日为房地产达到自用状态，企业开始将房地产用于生产商品、提供劳务或者经营管理的日期
投资性房地产转换为存货	转换日为租赁期届满、企业董事会或类似机构作出书面决议明确表明将其重新开发用于对外销售的日期
作为存货的房地产改为出租，或者自用建筑物或土地使用权停止自用改为出租	转换日通常为租赁期开始日。租赁期开始日是指承租人行使租赁权的日期

（二）投资性房地产转换为非投资性房地产

1. 采用成本模式进行后续计量的投资性房地产转换为自用房地产

企业将原本用于赚取租金或资本增值的房地产改用于生产商品、提供劳务或者经营管理，投资性房地产相应地转换为固定资产或无形资产。例如，企业将出租的厂房收回，用于生产本企业的产品。在此种情况下，转换日为房地产达到自用状态，企业开始将房地产用于生产商品、提供劳务或者经营管理的日期。

企业将投资性房地产转换为自用房地产，应当按该项投资性房地产在转换日的账面余额、累计折旧或摊销、减值准备等，分别转入“固定资产”、“累计折旧”、“固定资产减值准备”等科目；按投资性房地产的账面余额，借记“固定资产”或“无形资产”科目，贷记“投资性房地产”科目；按已计提的折旧或摊销，借记“投资性房地产累计折旧（摊销）”科目，贷记“累计折旧”或“累计摊销”科目；已计提减值准备的，借记“投资性房地产减值准备”科目，贷记“固定资产减值准备”或“无形资产减值准备”科目。

【例 5-12】　投资性房地产转换为非投资性房地产的会计核算（采用成本模式后续计量）

鑫鑫房地产公司将出租在外的厂房收回，开始用于本企业生产商品。该项房地产账面价值为 3 765 万元，其中，原价 4 000 万元，已提折旧 1 235 万元。假设鑫鑫房地产公司采用成本计量模式。

鑫鑫房地产公司的账务处理如下：

借：固定资产　　40 000 000
　　投资性房地产累计折旧　　12 350 000
　　贷：投资性房地产　　40 000 000
　　　　累计折旧　　12 350 000

2. 采用公允价值模式进行后续计量的投资性房地产转为自用房地产

企业将采用公允价值模式计量的投资性房地产转换为自用房地产时，应当以其转换日的公允价值作为自用房地产的账面价值，公允价值与原账面价值的差额计入当期损益。

转换日，按该项投资性房地产的公允价值，借记“固定资产”或“无形资产”科目，按该项投资性房地产的成本，贷记“投资性房地产——成本”科目，按该项投资性房地产的累计公允价值变动，贷记或借记“投资性房地产——公允价值变动”科目，按其差额，借记或贷记“公允价值变动损益”科目。

【例 5-13】　投资性房地产转换为非投资性房地产的会计核算（采用公允价值模式后续计量）

2×19 年 10 月 15 日，鑫鑫房地产公司因租赁期满，将出租的写字楼收回，开始作为办公楼用于本企业的行政管理。2×19 年 10 月 15

日，该写字楼的公允价值为4 900万元。该项房地产在转换前采用公允价值模式计量，原账面价值为4 750万元，其中，成本为4 500万元，公允价值变动250万元。

鑫鑫房地产公司的账务处理如下：

借：固定资产	49 000 000	
贷：投资性房地产——成本		45 000 000
——公允价值变动		2 500 000
公允价值变动损益		1 500 000

3. 采用成本模式进行后续计量的投资性房地产转换为存货

房地产开发企业将用于出租的房地产重新开发用于对外销售的，从投资性房地产转换为存货。这种情况下，转换日为租赁期届满、企业董事会或类似机构作出书面决议明确表明将其重新开发用于对外销售的日期。

企业将投资性房地产转换为存货时，应当按照该项房地产在转换日的账面价值，借记“开发产品”科目，按照已计提的折旧或摊销，借记“投资性房地产累计折旧（摊销）”科目，原已计提减值准备的，借记“投资性房地产减值准备”科目，按其账面余额，贷记“投资性房地产”科目。

4. 采用公允价值模式进行后续计量的投资性房地产转换为存货

企业将采用公允价值模式计量的投资性房地产转换为存货时，应当以其转换日的公允价值作为存货的账面价值，公允价值与原账面价值的差额计入当期损益。

转换日，按该项投资性房地产的公允价值，借记“开发产品”等科目，按该项投资性房地产的成本，贷记“投资性房地产——成本”科目，按该项投资性房地产的累计公允价值变动，贷记或借记“投资性房地产——公允价值变动”科目，按其差额，借记或贷记“公允价值变动损益”科目。

【例 5-14】　投资性房地产转换为存货的会计核算（采用公允价值模式后续计量）

甲房地产开发企业将其开发的部分写字楼用于对外经营租赁。2×19 年 10 月 15 日，因租赁期满，鑫鑫房地产公司将出租的写字楼收回，并作出书面决议，将该写字楼重新开发用于对外销售。当日的公允价值为 5 800 万元。该项房地产在转换前采用公允价值模式计量，原账面价值为 5 500 万元，其中，成本为 5 000 万元，公允价值变动为 500 万元。

鑫鑫房地产公司的账务处理如下：

借：开发产品　　58 000 000
　　贷：投资性房地产——成本　　50 000 000
　　　　　　　　　——公允价值变动　　5 000 000
　　　　公允价值变动损益　　3 000 000

（三）非投资性房地产转换为投资性房地产

1. 非投资性房地产转换为采用成本模式进行后续计量的投资性房地产

（1）作为存货的房地产转换为投资性房地产。作为存货的房地产转换为投资性房地产，通常指房地产开发企业将其持有的开发产品以经营租赁方式出租，存货相应地转换为投资性房地产。这种情况下，转换日通常为房地产的租赁期开始日。租赁期开始日是指承租人有权行使其使用权的日期。一般而言，对于企业自行建造或开发完成但尚未使用的建筑物，如果企业董事会或类似机构正式作出书面决议，明确表明其自行建造或开发产品用于经营出租、持有意图短期内不再发生变化的，应视为存货转换为投资性房地产，转换日为企业董事会或类似机构作出书面决议的日期。

企业将作为存货的房地产转换为采用成本模式计量的投资性房地产，应当按该存货在转换日的账面价值，借记“投资性房地产”科目，原已计提跌价准备的，借记“存货跌价准备”科目，按其账面余额，贷记“开发产品”等科目。

【例 5-15】 非投资性房地产转换为投资性房地产的会计核算（作为存货）

鑫鑫房地产公司是从事房地产开发业务的企业，2×19 年 3 月 10 日，鑫鑫房地产公司与乙企业签订了租赁协议，将其开发的一栋写字楼出租给乙企业使用，租赁期开始日为 2×19 年 4 月 15 日。2×16 年 4 月 15 日，该写字楼的账面余额 5 000 万元，未计提存货跌价准备。假设鑫鑫房地产公司采用成本模式对其投资性房地产进行后续计量。

鑫鑫房地产公司的账务处理如下：

借：投资性房地产——写字楼　　50 000 000

　　贷：开发产品　　50 000 000

（2）自用房地产转换为投资性房地产。企业将原本用于日常生产商品、提供劳务或者经营管理的房地产用于出租，通常应于租赁期开始日，按照固定资产或无形资产的账面价值，将固定资产或无形资产相应地转换为投资性房地产。对不再用于日常生产经营活动且经整理后达到可经营出租状况的房地产，如果企业董事会或类似机构正式作出书面决议，明确表明其自用房地产用于经营出租且持有意图短期内不再发生变化的，应视为自用房地产转换为投资性房地产，转换日为企业董事会或类似机构正式作出书面决议的日期。

企业将自用土地使用权或建筑物转换为以成本模式计量的投资性房地产时，应当按该项建筑物或土地使用权在转换日的原价、累计折旧、减值准备等，分别转入“投资性房地产”、“投资性房地产累计折旧（摊销）”、“投资性房地产减值准备”科目，按其账面余额，借记“投资性房地产”科目，贷记“固定资产”或“无形资产”科目，按已计提的折旧或摊销，借记“累计折旧”或“累计摊销”科目，贷记“投资性房地产累计折旧（摊销）”科目，原已计提减值准备的，借记“固定资产减值准备”或“无形资产减值准备”科目，贷记“投资性房地产减值准备”科目。

【例 5-16】　非投资性房地产转换为投资性房地产的会计核算（作为自用房地产）

鑫鑫房地产公司拥有一栋办公楼，用于本企业总部办公。2×19年3月10日，鑫鑫房地产公司与乙企业签订了经营租赁协议，将该栋办公楼整体出租给乙企业使用，租赁期开始日为2×19年4月15日，为期5年。2×16年4月15日，该栋办公楼的账面余额为5 000万元，已计提折旧300万元。假设鑫鑫房地产公司采用成本计量模式。

鑫鑫房地产公司的账务处理如下：

借：投资性房地产——写字楼　　50 000 000
　　累计折旧　　3 000 000
　　贷：固定资产　　50 000 000
　　　　投资性房地产累计折旧　　3 000 000

2. 非投资性房地产转换为采用公允价值进行后续计量的投资性房地产

（1）作为存货的房地产转换为投资性房地产。企业将作为存货的房地产转换为采用公允价值模式计量的投资性房地产，应当按该项房地产在转换日的公允价值入账，借记“投资性房地产——成本”科目，原已计提跌价准备的，借记“存货跌价准备”科目；按其账面余额，贷记“开发产品”等科目。同时，转换日的公允价值小于账面价值的，按其差额，借记“公允价值变动损益”科目；转换日的公允价值大于账面价值的，按其差额，贷记“资本公积——其他资本公积”科目。当该项投资性房地产处置时，将资本公积部分转入当期损益。

【例 5-17】　非投资性房地产转换为采用公允价值模式进行后续计量的投资性房地产的会计核算（作为存货）

2×16年3月10日，甲房地产开发公司与乙企业签订了租赁协议，将其开发的一栋写字楼出租给乙企业。租赁期开始日为2×16年4月15日。2×19年4月15日，该写字楼的账面余额为45 000万元，公允价值为46 000万元。2×16年12月31日，该项投资性房地产的公允价值为48 000万元。

鑫鑫房地产公司的账务处理如下：

（1）2×19年4月15日：

借：投资性房地产——成本　460 000 000

　　贷：开发产品　450 000 000

　　　　资本公积——其他资本公积　10 000 000

（2）2×19年12月31日：

借：投资性房地产——公允价值变动　20 000 000

　　贷：公允价值变动损益　20 000 000

（2）自用房地产转换为投资性房地产。企业将自用房地产转换为采用公允价值模式计量的投资性房地产，应当按该项土地使用权或建筑物在转换日的公允价值，借记“投资性房地产——成本”科目，按已计提的累计摊销或累计折旧，借记“累计摊销”或“累计折旧”科目；原已计提减值准备的，借记“无形资产减值准备”、“固定资产减值准备”科目；按其账面余额，贷记“固定资产”或“无形资产”科目。同时，转换日的公允价值小于账面价值的，按其差额，借记“公允价值变动损益”科目；转换日的公允价值大于账面价值的，按其差额，贷记“资本公积——其他资本公积”科目。当该项投资性房地产处置时，将资本公积部分转入当期损益。

【例5-18】　非投资性房地产转换为采用公允价值模式进行后续计量的投资性房地产的会计核算（作为自用房地产）

2×16年10月30日，鑫鑫房地产公司将原办公楼停止自用，并与乙企业签订了租赁协议，将其原办公楼租赁给乙企业使用，租赁期开始日为2×16年10月30日，租赁期限为3年。2×19年10月30日，该办公楼原价为50 000万元，已提折旧14 250万元，公允价值为38 000万元。假设鑫鑫房地产公司对投资性房地产采用公允价值模式计量。

鑫鑫房地产公司的账务处理如下：

借：投资性房地产——成本　380 000 000

　　累计折旧　142 500 000

贷：固定资产　　500 000 000
　　资本公积——其他资本公积　　22 500 000

五、投资性房地产的处置

当投资性房地产被处置或者永久退出使用且预计不能从其处置中取得经济利益时，应当终止确认该项投资性房地产。

企业可以通过对外出售或转让的方式处置投资性房地产。对于那些由于使用而不断磨损直到最终报废，或者由于遭受自然灾害等非正常原因发生毁损的投资性房地产应当及时进行清理。此外，企业因其他原因，如非货币性交易等而减少投资性房地产也属于投资性房地产的处置。企业出售、转让、报废投资性房地产或者发生投资性房地产毁损，应当将处置收入扣除其账面价值和相关税费后的余额计入当期损益。

（一）采用成本模式计量的投资性房地产的处置

处置采用成本模式进行后续计量的投资性房地产时，应当按实际收到的金额，借记“银行存款”等科目，贷记“其他业务收入”科目；按该项投资性房地产的账面价值，借记“其他业务成本”科目，按其账面余额，贷记“投资性房地产”科目，按照已计提的折旧或摊销，借记“投资性房地产累计折旧（摊销）”科目，原已计提减值准备的，借记“投资性房地产减值准备”科目。

【例 5-19】　投资性房地的处置的会计核算（采用成本模式）

甲公司将其出租的一栋写字楼确认为投资性房地产，采用成本模式计量。租赁期届满后，甲公司将该栋写字楼出售给乙公司，合同价款为27 000万元，乙公司已用银行存款付清。出售时，该栋写字楼的成本为28 000万元，已计提折旧5 000万元。假设不考虑相关税费。

鑫鑫房地产公司的账务处理如下：

借：银行存款　　270 000 000
　　贷：其他业务收入　　270 000 000

借：其他业务成本　　230 000 000
　　投资性房地产累计折旧　　50 000 000
　　贷：投资性房地产——写字楼　　280 000 000

（二）采用公允价值模式计量的投资性房地产的处置

处置采用公允价值模式计量的投资性房地产，应当按实际收到的金额，借记“银行存款”等科目，贷记“其他业务收入”科目；按该项投资性房地产的账面余额，借记“其他业务成本”科目，按其成本，贷记“投资性房地产——成本”科目，按其公允价值变动，贷记或借记“投资性房地产——公允价值变动”科目。同时结转投资性房地产公允价值变动金额。若存在原转换日计入资本公积的金额，也一并结转。

【例 5-20】 投资性房地的处置的会计核算（采用公允价值模式）

2×19 年 3 月 10 日，鑫鑫房地产公司与乙企业签订了租赁协议，将其开发的一栋写字楼出租给乙企业使用，租赁期开始日为 2×16 年 4 月 15 日。2×19 年 4 月 15 日，该写字楼的账面余额为 45 000 万元，公允价值为 47 000 万元。2×19 年 12 月 31 日，该项投资性房地产的公允价值为 48 000 万元。2×19 年 6 月租赁期届满，企业收回该项投资性房地产，并以 55 000 万元出售，出售不动产的增值税税率为 9%，增值税销项税额 4 950 万元出售款项已收讫。鑫鑫房地产公司采用公允价值模式计量，不考虑相关税费。

鑫鑫房地产公司的账务处理如下：

（1）2×19 年 4 月 15 日，存货转换为投资性房地产：

借：投资性房地产——成本　　470 000 000
　　贷：开发产品　　450 000 000
　　　　资本公积——其他资本公积　　20 000 000

（2）2×19 年 12 月 31 日，公允价值变动：

借：投资性房地产——公允价值变动　　10 000 000
　　贷：公允价值变动损益　　10 000 000

（3）2×19 年 6 月，出售投资性房地产：

借：银行存款　　599 500 000

　　贷：其他业务收入　　550 000 000

　　　　应付税费——应交增值税（销项税额）　　49 500 000

借：其他业务成本　　480 000 000

　　贷：投资性房地产——成本　　470 000 000

　　　　　　　　　　——公允价值变动　　10 000 000

借：公允价值变动损益　　10 000 000

　　资本公积——其他资本公积　　20 000 000

　　贷：其他业务收入　　30 000 000

第六章　利润结转及分配

本章导读

房地产开发企业经营的主要目的是获取利润。利润形成包括对营业利润、利润总额的计算，在利润总额的基础上按照税法规定缴纳企业所得税后，要按照《中华人民共和国公司法》及其股东约定对税后利润进行分配。会计处理上不仅要进行本年利润的核算，还要进行利润分配的核算。本章主要内容包括以下几点：

（1）利润的定义和核算过程；
（2）各种损益结转的会计处理；
（3）利润分配的顺序；
（4）利润分配的会计处理。

第一节 利润结转及核算

一、利润的含义

利润是指企业在一定会计期间的经营成果。利润包括收入减去费用后的净额、直接计入当期利润的利得和损失等。直接计入当期的利得和损失，是指应当计入当期损益、会导致所有者权益发生增减变动的、与所有者投入资本或者向所有者分配利润无关的利得或损失。通常所说的利润包括营业利润、利润总额和净利润。不同利润计算方法见表6-1。

表6-1 不同口径利润标准的计算方式

各种利润	核算公式	相关定义
营业利润	营业利润 = 营业收入 - 营业成本 - 营业税金及附加 - 销售费用 - 管理费用 - 财务费用 - 资产减值损失 + 公允价值变动收益（ - 公允价值变动损失） + 投资收益（ - 投资损失）	营业收入是指企业在销售商品、提供劳务和让渡资产使用权等日常经常业务过程中所形成的经济利益总流入。包括主营业务收入和其他业务收入。 营业成本是指企业销售商品或提供劳务的成本，包括主营业务成本和其他业务成本。 资产减值损失是指企业计提各项资产减值准备所形成的损失。 公允价值变动收益（或损失）是指企业交易性金融资产等公允价值变动形成的应计入当期损益的利得（或损失）。 投资收益（或损失）是指企业以各种方式对外投资所取得的收益（或发生的损失）
利润总额	利润总额 = 营业利润 + 营业外收入 - 营业外支出	营业外收入是指企业发生的与其日常经营活动无直接关系的各项利得。 营业外支出是指企业发生的与其日常经营活动无直接关系的各项损失
净利润	净利润 = 利润总额 - 所得税费用	所得税费用是指企业确认的应从当期利润总额中扣除的所得税费用

二、利润的核算

（一）营业收入的核算

营业收入是指企业经营业务确认的收入总额，包括主营业务收入和其他业务收入。具体的内容及会计核算方法见表 6-2。

表 6-2　营业收入的内容和核算

营业收入的具体内容	具体核算
开发产品营业收入包括土地转让收入和商品房销售收入，代建房屋和代建工程结算收入，配套设施销售收入	对于实现的房地产经营收入，应在“主营业务收入”科目下按收入类别设置“土地转让收入”、“商品房销售收入”、“配套设施销售收入”、“代建工程结算收入”等二级科目进行核算。房地产开发企业实现的房地产经营收入，应按实际收到或应收价款计入“银行存款”、“应收账款”等科目的借方和“主营业务收入”科目的贷方

（二）营业成本的核算

营业成本是指企业经营业务所发生的实际成本总额，包括主营业务成本和其他业务成本。

营业成本的具体内容及会计核算方法见表 6-3。

表 6-3　营业成本的内容和核算

营业成本的内容和核算原则	具体核算
根据《企业会计准则——基本准则》的规定，房地产开发企业为生产开发产品、提供劳务等发生的可归属于开发产品成本、劳务成本等的费用，应当在确认开发产品销售收入、劳务收入等时，将已销售开发产品、已提供劳务的成本等计入当期损益。根据营业收入与成本费用配比原则，房地产开发企业在将各个月份实现的房地产经营收入入账时，应同时将其相关的营业成本结转入账	对于销售的商品房，应于月终将销售商品房的实际开发成本自“开发产品——商品房”科目的贷方转入“主营业务成本——商品房销售成本”科目的借方。 对于转让的商品性用地，应于月终将转让土地的实际开发成本自“开发产品——商品性土地”科目的贷方转入“主营业务成本——土地转让成本”科目的借方。 对于对外销售的周转房，应按周转房的原值减去已计提累计摊销后的净值，转入“主营业务成本——周转房销售成本”科目的借方，同时注销周转房的原值和累计摊销额。 对于移交结算的代建工程，应于月终将移交代建工程的实际开发成本自“开发产品——代建工程”科目的贷方转入“主营业务成本——代建工程结算成本”科目的借方

（三）营业税金及附加的核算

房地产开发企业在销售、转让及结算开发产品实现的房地产经营收入时，应按国家规定计算缴纳土地增值税、营业税、城市维护建设税和教育费附加等相关税费。月末，企业应将按规定计算确定的与当期经营活动相关的税费，计入“营业税金及附加”科目的借方和“应交税费”科目的贷方。

（四）营业外收支

1. 营业外收入

营业外收入所包含的种类较多，其具体的内容及会计核算方法见表6-4。

表6-4　营业外收入的核算

含　义	包含的内容	“营业外收入”科目	会计处理
企业发生的与其日常活动无直接关系的各项利得	非流动资产处置利得、盘盈利得、罚没利得、捐赠利得、确实无法支付而按规定程序经批准后转作营业外收入的应付款项等	核算营业外收入的取得及结转情况。该科目贷方登记企业确认的各项营业外收入，借方登记期末结转入本年利润的营业外收入。结转后无余额。该科目应按照营业外收入的项目进行明细核算	确认营业外收入，借记“固定资产清理”、“银行存款”、“库存现金”、“应付账款”等，贷记“营业外收入”。期末，应将“营业外收入”余额转入“本年利润”，借记“营业外收入”，贷记“本年利润”
营业外收入并不是企业经营资金耗费所产生的，不需要企业付出代价，实际上是经济利益的净流入，不可能也不需要与有关的费用进行配比	非流动资产处置利得包括固定资产处置利得和无形资产出售利得。固定资产处置利得，指企业出售固定资产所取得价款或报废固定资产的材料价值和变价收入等，扣除处置固定资产的账面价值、清理费用、处置相关税费后的净收益；无形资产出售利得，指企业出售无形资产所取得价款，扣除出售无形资产的账面价值、出售相关税费后的净收益。 盘盈利得主要指对于现金等清查盘点中盘盈的现金等，报经批准后计入营业外收入的金额。 罚没利得指企业取得的各项罚款，在弥补由于违反合同或协议而造成的经济损失后的罚款净收益。 捐赠利得指企业接受捐赠产生的利得		

2. 营业外支出

企业发生的与日常经营活动无直接关系的各项支出，统称为营业外支出，其具体的内容及会计核算方法见表6-5。

表6-5 营业外支出的核算

含 义	包含的内容	"营业外支出"科目	会计处理
企业发生的与其日常活动无直接关系的各项损失	非流动资产处置损失、盘亏损失、罚款支出、公益性捐赠支出、非常损失等 非流动资产处置损失包括固定资产处置损失和无形资产出售损失。固定资产处置损失，指企业出售固定资产所取得的价款或报废固定资产的材料价值和变价收入等，不足以弥补处置固定资产的账面价值、清理费用、处置相关税费所发生的净损失；无形资产出售损失，指企业出售无形资产所取得的价款，不足以弥补出售无形资产的账面价值、出售相关税费后所发生的净损失。 盘亏损失主要指对于固定资产清查盘点中盘亏的固定资产，在查明原因处理时按确定的损失计入营业外支出的金额。 罚款支出指企业由于违反税收法规、经济合同等而支付的各种滞纳金和罚款。 公益性捐赠支出指企业对外进行公益性捐赠发生的支出。 非常损失指企业对于因客观因素（如自然灾害等）造成的损失，在扣除保险公司赔偿后应计入营业外支出的净损失	核算营业外支出的发生及结转情况。该科目借方登记企业发生的各项营业外支出，贷方登记期末结转入本年利润的营业外支出。结转后无余额。该科目应按照营业外支出的项目进行明细核算	发生营业外支出时，借记"营业外支出"，贷记"固定资产清理"、"待处理财产损溢"、"库存现金"、"银行存款"等。期末，应将"营业外支出"科目余额转入"本年利润"，借记"本年利润"，贷记"营业外支出"

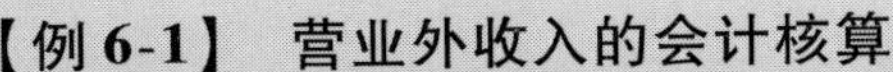

【例 6-1】　营业外收入的会计核算

鑫鑫房地产公司收到某施工单位工程质量罚款 20 000 元，存入银行。

鑫鑫房地产公司应依据罚款单和收款证明进行账务处理：

借：银行存款　　20 000

　　贷：营业外收入——罚款收入　　20 000

【例 6-2】　营业外收入的会计核算

鑫鑫房地产公司向希望工程捐款 3 000 000 元。

鑫鑫房地产公司应依据财政部门印制的捐赠票据和付款证明，进行账务处理：

借：营业外支出——捐赠支出　　3 000 000

　　贷：银行存款　　3 000 000

三、利润的结转

1. 账户设置

企业的利润结转主要通过“本年利润”科目进行结转。具体的会计核算见表 6-6。

表 6-6　本年利润的核算

设置目的	期末会计核算	“本年利润”的结转
核算企业本年度内实现的利润总额（或亏损总额）	将各收益类科目的余额转入“本年利润”科目的贷方；将各成本、费用类科目的余额转入“本年利润”科目的借方。转账后，“本年利润”科目如为贷方余额，反映本年度自年初开始累计实现的净利润；如为借方余额，反映本年度自年初开始累计发生的净亏损	将“本年利润”科目的全部累计余额，转入“利润分配”科目，如为净利润，借记“本年利润”科目，贷记“利润分配”科目；如为净亏损，作相反会计分录。年度结账后，“本年利润”科目无余额

【例 6-3】 利润结转的会计核算

某企业在 2×19 年度决算时，各损益账户 12 月 31 日的余额见表 6-7。

表 6-7 各损益账户的期末余额

科目名称	结前余额（元）
主营业务收入	90 000（贷）
税金及附加	4 500（借）
主营业务成本	50 000（借）
销售费用	2 000（借）
管理费用	8 500（借）
财务费用	2 000（借）
其他业务收入	9 400（贷）
其他业务成本	7 400（借）
投资收益	1 500（贷）
营业外收入	3 500（贷）
营业外支出	1 800（借）
所得税费用	8 500（借）

根据上述资料，企业作如下会计处理：

（1）结转主营业务收入：

借：主营业务收入　　90 000

　　贷：本年利润　　90 000

（2）结转销售税金、成本和期间费用：

借：本年利润　　67 000

　　贷：税金及附加　　4 500

　　　　主营业务成本　　50 000

　　　　销售费用　　2 000

　　　　管理费用　　8 500

　　　　财务费用　　2 000

（3）结转其他业务收支：

借：其他业务收入　　9 400

贷：本年利润　　9 400

借：本年利润　　7 400

贷：其他业务成本　　7 400

（4）结转投资净收益：

借：投资收益　　1 500

贷：本年利润　　1 500

（5）结转营业外收支：

借：营业外收入　　3 500

贷：本年利润　　3 500

借：本年利润　　1 800

贷：营业外支出　　1 800

（6）结转本年所得税费用：

借：本年利润　　8 500

贷：所得税费用　　8 500

（7）计算并结转本年净利润：

"本年利润"科目借方发生额 = 67 000 + 7 400 + 1 800 + 8 500

= 84 700（元）

"本年利润"科目贷方发生额 = 90 000 + 9 400 + 1 500 + 3 500

= 104 400（元）

净利润 = 104 400 - 84 700 = 19 700（元）

借：本年利润　　19 700

贷：利润分配——未分配利润　　19 700

第二节　利润分配及其核算

一、利润分配的顺序

房地产开发企业分配利润时，既要理顺产权关系，充分保障投资者的权益，又要考虑便于加强宏观调控以及财产的监督和管理。

开发企业实现的利润总额，应先按国家规定作相应的调整，然后依法缴纳所得税。这里所说的调整主要是指：所得税前弥补亏损，投资收益中已纳税的项目或按照规定补交所得税的项目。因为按照现行财务制度的规定，企业发生的年度亏损，可以用下一年度的税前利润等弥补；下一年度利润不足弥补的，可以在 5 年内连续弥补；5 年内不足弥补的，才用税后利润等弥补。所以开发企业实现的年度利润，要先用以弥补前 5 年内发生的亏损，然后据以计算应税所得额。投资收益如为税后利润，应从本企业利润总额中扣除后再计算应纳税所得额，纳税时如不扣除，就会出现重复纳税现象。

企业交纳所得税后的利润，一般按照下列顺序进行分配：

（1）弥补被没收的财物损失，支付各项税收的滞纳金和罚款。

（2）弥补企业以前年度亏损。

（3）提取法定盈余公积。法定盈余公积按照税后利润扣除前两项后的 10% 提取，法定盈余公积已达到注册资本 50% 时可不再提取。

（4）提取任意盈余公积。任意盈余公积是企业自愿提取的，是董事会决定要留在企业的利润。任意盈余公积提取比例，由企业自行决定。

（5）向投资者分配利润。企业以前年度未分配利润，可以并入本年度向投资者分配。开发企业当年无利润时，一般不得向投资者分配利润。股份有限公司当年如无利润，原则上不分股利，但为了维护企业股票的信誉，避免股票价格大幅度波动，如用盈余公积弥补亏损，并经股东大会特别决议，可以按照不超过股票面值 6% 的比率用盈余公积分配股利；在分配股利后，企业法定盈余公积不得低于注册资本的 25% 。

盈余公积金包括法定盈余公积金和任意盈余公积金，可用于弥补亏损或用于转增资本，但转增资本后，企业的法定盈余公积金一般不得低于注册资本的 25% 。

二、利润分配核算

利润分配的核算包括弥补亏损、提取盈余公积、分配股利或利润以及未分配利润等核算。

（一）弥补亏损的核算

房地产开发企业在生产经营过程中既可能发生盈利，也可能出现亏损。企业在当年发生亏损的情况下，与实现利润的情况相同，应当将本年发生的亏损自“本年利润”科目转入“利润分配——未分配利润”科目，借记“利润分配——未分配利润”科目，贷记“本年利润”科目，结转后“利润分配”科目的借方余额，即为未弥补亏损的数额。然后通过“利润分配”科目核算有关亏损的弥补情况。具体的会计处理见表6-8。

表6-8　弥补亏损的会计处理

弥补亏损方式	会计处理方法
以税前利润弥补亏损	以当年实现的利润弥补以前年度结转的未弥补亏损，不需要进行专门的账务处理。企业应将当年实现的利润自“本年利润”科目的借方，转入“利润分配——未分配利润”科目的贷方，其贷方发生额与“利润分配——未分配利润”的借方余额合并计算即可
以税后利润弥补亏损	以税后利润弥补亏损，其会计处理方法与以税前利润弥补亏损相同，也不需要进行专门的账务处理。但两者在计算交纳所得税时的处理是不同的。在以税前利润弥补亏损的情况下，其弥补的数额可以抵减当期企业应纳税所得额，而以税后利润弥补的，则不能作为纳税所得扣除处理
盈余公积补亏	企业在亏损年度按规定用盈余公积弥补亏损， 借：盈余公积 　贷：利润分配——盈余公积补亏

【例6-4】　利润分配的会计核算（弥补亏损）

鑫鑫股份有限公司本年实现净利润为5 000 000元，年初未分配利润为0。经股东大会批准，鑫鑫股份有限公司按当年净利润的10%提取法定盈余公积。假定不考虑其他因素，鑫鑫股份有限公司的会计分录如下：

本年提取盈余公积金额＝5 000 000×10%＝500 000（元）

借：利润分配——提取法定盈余公积　　500 000

　贷：盈余公积——法定盈余公积　　500 000

（二）盈余公积的核算

盈余公积的会计处理见表6-9。

表6-9　盈余公积的核算

事项	会计处理
企业提取盈余公积时	借：利润分配——提取法定盈余公积 ——提取任意盈余公积 贷：盈余公积——法定盈余公积 ——任意盈余公积
企业用盈余公积转增资本时	借：盈余公积 贷：实收资本或股本

【例6-5】　利润分配的会计核算（盈余公积）

经股东大会批准，鑫鑫股份有限公司用以前年度提取的盈余公积弥补当年亏损，当年弥补亏损的数额为600 000元。假定不考虑其他因素，鑫鑫股份有限公司的会计分录如下：

借：盈余公积　600 000

　贷：利润分配——盈余公积补亏　600 000

（三）分配股利或利润的核算

企业分配股利或利润的核算如表6-10所示。

表6-10　分配股利的核算

事项	会计处理
经股东大会或类似机构决议，向股东或投资者分配现金股利或利润时	借：利润分配——应付现金股利或利润 贷：应付股利
经股东大会或类似机构决议，向股东分配股票股利，应在办理增资手续后进行	借：利润分配——转作股本的股利 贷：股本

（四）未分配利润核算

未分配利润的核算见表6-11。

表6-11　未分配利润的核算

含义	计算	会计处理
未分配利润是企业留待以后年度进行分配的结存利润，也是企业所有者权益的组成部分。相对于所有者权益的其他部分来讲，企业对于未分配利润的使用有较大的自主权	未分配利润是期初未分配利润，加上本期实现的净利润，减去提取的各种盈余公积和分配利润后的余额	在会计处理上，未分配利润是通过“利润分配”科目进行核算的。年度终了，企业应将本年实现的净利润或净亏损，转入“利润分配——未分配利润”科目。同时，将“利润分配”科目所属的其他明细科目的余额，转入“未分配利润”明细科目。结转后，“未分配利润”明细科目如有贷方余额，则表示未分配利润有结余；如有借方余额，则表示未弥补亏损的金额。“利润分配”科目所属的其他明细科目应无余额

【例6-6】　未利润分配的会计核算

鑫鑫股份有限公司年初未分配利润为0，本年实现净利润2 000 000元，本年提取法定盈余公积200 000元，宣告发放现金股利800 000元。假定不考虑其他因素，鑫鑫股份有限公司会计处理如下：

（1）结转本年利润：

借：本年利润　　2 000 000

　　贷：利润分配——未分配利润　　2 000 000

如企业当年发生亏损，则应借记“利润分配——未分配利润”科目，贷记“本年利润”科目。

（2）提取法定盈余公积、宣告发放现金股利：

借：利润分配——提取法定盈余公积　　200 000

　　　　　　——应付现金股利　　800 000

　　贷：盈余公积　　200 000

　　　　应付股利　　800 000

同时，

借：利润分配——未分配利润　　1 000 000

　　贷：利润分配——提取法定盈余公积　　200 000

　　　　　　　　——应付现金股利　　800 000

结转后，如果“未分配利润”明细科目的余额在贷方，表示累计未分配的利润；如果余额在借方，则表示累积未弥补的亏损。本例中，“利润分配——未分配利润”明细科目的余额在贷方，此贷方余额1 000 000元（2 000 000－200 000－800 000）即为鑫鑫股份有限公司本年年末的累计未分配利润。

第七章　财务报告的编制

本章导读

财务报告是会计部门和会计人员最终的工作成果，它是高度概括的说明企业财务状况、经营成果以及现金流量的文件。财务报告又叫企业财务状况及经营状况的晴雨表，是一个有机的整体，是财务会计报表分析的基础，是纳税评估的重要资料，也是纳税评估的出发点和落脚点。它能向投资者、监管部门及公司管理层提供公司经营发展的较全面的信息。

（1）会计报表概述；
（2）资产负债表；
（3）利润表；
（4）现金流量表；
（5）所有者权益变动表。

第一节　会计报表概述

一、会计报表

会计报表与财务报告的比较见表 7-1。

表 7-1　会计报表与财务报告的比较

财务报告含义	会计报表含义	两者联系
用于综合反映单位财务状况和经营成果的书面文件，由会计报表和财务情况说明书两大部分构成	以日常核算资料为主要依据编制的，用来集中反映各单位一定时期的财务状况、经营成果以及成本费用情况的一系列表式报告	会计报表是财务报告的主体组成部分；我国当前法规的规定，会计报表是指资产负债表、利润表、现金流量表和会计报表附注以及相关附表

二、会计报表的作用

会计报表就像一面镜子，从中可以看到各单位的财务状况和经营全貌，为实施经营管理和进行相关决策提供丰富的会计信息。

具体说来，会计报表的作用主要体现在图 7-1 所示几个方面：

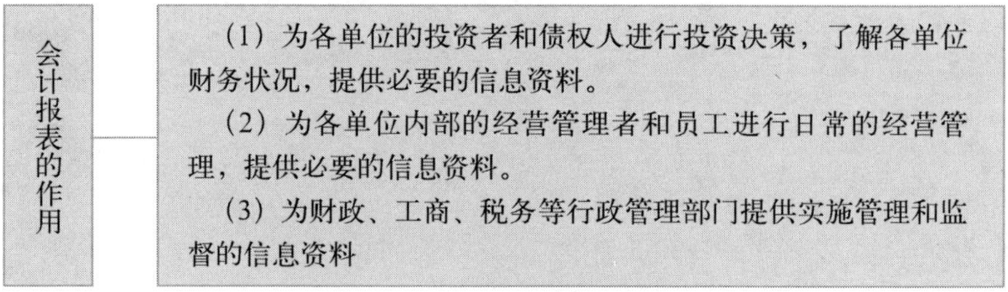

会计报表的作用

（1）为各单位的投资者和债权人进行投资决策，了解各单位财务状况，提供必要的信息资料。

（2）为各单位内部的经营管理者和员工进行日常的经营管理，提供必要的信息资料。

（3）为财政、工商、税务等行政管理部门提供实施管理和监督的信息资料

图 7-1　会计报表的作用

三、会计报表的分类

一般来说，会计报表可以按照编制单位和时间、服务对象进行分类，

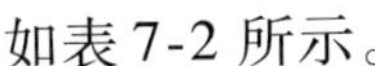
如表7-2所示。

表7-2 会计报表的分类

会计报表的分类标准	分类	具体内容	具体要求
按会计报表编制和报送的时间差异	月报	在月份终了时编制的反映月末或当月情况的会计报表	要求简明扼要，以便及时反映各单位的主要情况和主要问题。常用的月报有资产负债表、利润表、应交增值税明细表等
	季报	在季度终了时编制的反映季末或当季情况的会计报表	包括的会计报表一般较少
	年报	在年度终了时编制的反映年末或当年情况的会计报表	要求做到全面完整，能总结全年的经济活动。常见的年报有利润分配表、现金流量表和主营业务收支明细表等
按会计报表的编制单位分类	单位报表	有独立核算的会计主体编制的，用以反映本会计主体的财务状况和经营成果的报表	—
	汇总报表	由上级主管部门将其所属单位报送的会计报表，连同本单位会计报表汇总编制的综合性会计报表	—
按会计报表的服务对象不同	内部报表	适应单位内部经营管理的需要而编制的不对外公开的会计报表，如单位的成本费用明细表、存货明细表等	一般没有规范的格式，不需统一的指标体系，各单位可根据自己的情况和需要自行制定
	外部报表	为满足外部会计信息使用者的需要，按照国家财务、会计制度编制的会计报表，如资产负债表、利润表、现金流量表等	外部报表的种类、格式、内容及编制方法均有统一规定，任何单位不得随意增减变动

四、会计报表的结构

会计报表作为一种商业语言，是通过各个会计要素和项目，用特定的排列顺序和组合，以特有的逻辑关系来披露财务信息。只有熟悉会计报表的基本框架，理解各个会计要素的内在联系，才能顺利地编出或读懂会计报表，掌握会计报表所提供的信息。会计报表的构成见表 7-3。

表 7-3 会计报表的构成

会计报表的构成	表头部分	主体部分	补充资料部分
具体内容	展示报表的名称、编号、编制单位、编制日期、金额计量单位等	报表的核心和主干，会计报表基本是通过这一部分来总括地表述单位的财务状况和经营成果	一般列在报表的下端，所提供的是使用者需要了解但在基本部分内无法反映或难以单独反映的一些资料，如期末库存商品余额、已贴现的商业承兑汇票金额等

为充分表达使用者要了解的信息，以及方便使用者阅读和理解，在每一报表内部，都必须按一定的逻辑关系来设置相应项目。由于会计报表的种类、作用和性质不同，其结构也必然不一样。为便于对比，各种对外报送的主要会计报表，都需按统一的格式和结构来填列。

五、会计报表的编制要求

为了保证会计报表的质量，充分发挥其作用，我国《企业会计准则》规定了编制会计报表的基本要求：“会计报表应按登记完整、核对无误的账簿记录和其他有关资料编制，做到数字真实、计算准确、内容完整、报送及时。”会计报表的编制要求见表 7-4。

表 7-4　会计报表的编报要求

基本要求	数字真实，计算准确	内容完整	编报及时
具体内容	能够真实准确地反映企业的财务状况和经营成果，所以会计报表中各项目的数字必须以核对无误的账簿记录和其他资料填写，不得用预计数字、估计数字代替真实数字，更不得弄虚做假，伪造报表数字，同时还要对会计报表中各项目的金额采用正确计算方法，确保计算结果的准确；为了保证数字真实、准确，在编制会计报表时要根据程度按期结账、认真对账和财产清查，使会计账簿所有记录准确无误	会计信息的内容必须全面、系统地反映出企业经营活动的全部情况，为此要求企业必须按规定的报表种类、格式和内容来编制，不得漏编漏报，对不同会计期间应编报的各种会计报表，都必须填列完整；同时要求企业在每种会计报表中应填写的各项指标，不论是表内项目还是表外补充资料，都必须填列齐全，对某些不便列入报表的重要资料，应在括号内说明或以附注等形式加以说明	如果会计信息的报告期被不适当地拖延，即使是最真实最完整的会计报表也将失去其效用。所以，会计报表必须按照规定的期限和程序，及时编制、及时报送。 根据我国会计制度规定：月份会计报表应于月份终了后 6 天内报出；季度报告应于季度终了后 15 天内报出；中报应于年度中期结束后 60 天内报出；年度会计报表应于年度终了后 4 个月内报出。法律、法规另有规定者，从其规定

六、《企业会计准则所》要求的财务报表的组成

按照《企业会计准则》的要求，一套完整的财务报表至少应当包括资产负债表、利润表、现金流量表、所有者权益变动表（对于股份制公司而言，也称之为股东权益变动表）以及附注。财务报表组成内容如表 7-5 所示。

表 7-5　财务报表组成内容

财务报表的组成	含　　义	相关内容
资产负债表	反映企业在某一特定日期所拥有的资产、需偿还的债务、以及股东（投资者）拥有的净资产情况	我国企业资产负债表采用账户式结构，左方为资产，右方为负债和所有者权益。在资产负债表中，资产项目按照流动资产和非流动资产分类列示，负债按照流动负债和非流动负债列示，在各类别下再按照性质分项列示。资产负债表各项目主要有按照总账科目余额、按照明细科目余额直接或分析填列、根据总账及相关备抵科目余额分析填列等方法
利润表	反映企业在一定会计期间的经营成果，即利润或亏损的情况，表明企业运用所拥有的资产的获利能力	我国企业利润表采用多步式进行编制。利润表中可反映营业利润、利润总额和净利润金额，利润表项目一般按其发生额填列
现金流量表	反映企业在一定会计期间现金和现金等价物流入和流出的情况。现金流量表反映企业在某一会计期间现金和现金等价物流入和流出的情况	我国企业现金流量表采用报告式，分为经营活动产生的现金流量、投资活动产生的现金流量和筹资活动产生的现金流量三类。企业应当采用直接法编制经营活动产生的现金流量。采用直接法编制经营活动的现金流量时，可以采用工作底稿法或 T 型账户法，也可以根据有关科目记录分析填列
所有者权益变动表	反映构成所有者权益的各组成部分当期的增减变动情况	企业的净利润及其分配情况是所有者权益变动的组成部分，相关信息已经在所有者权益变动表及其附注中反映，企业不需要再单独编制利润分配表
附注	财务报表不可或缺的组成部分	对在资产负债表、利润表、现金流量表和所有者权益变动表等报表中列示项目的文字描述或明细资料，以及对未能在这些报表中列示项目的说明等

第二节 资产负债表

一、资产负债表的内容及结构

（一）资产负债表的内容

资产负债表是指反映企业在某一特定日期财务状况的会计报表。它反映企业在某一特定日期所拥有或控制的经济资源、所承担的现时义务和所有者对净资产的要求权。通过资产负债表，可以提供某一日期资产的总额及其结构，表明企业拥有或控制的资源及其分布情况，使用者可以一目了然地从资产负债表上了解企业在某一特定日期所拥有的资产总量及其结构；可以提供某一日期的负债总额及其结构，表明企业未来需要用多少资产或劳务清偿债务以及清偿时间；可以反映所有者所拥有的权益，据以判断资本保值、增值的情况以及对负债的保障程度。此外，资产负债表还可以提供进行财务分析的基本资料，如将流动资产与流动负债进行比较，计算出流动比率；将速动资产与流动负债进行比较，计算出速动比率等，可以表明企业的变现能力、偿债能力和资金周转能力，从而有助于报表使用者作出经济决策。

（二）资产负债表的结构

在我国，资产负债表采用账户式结构，报表分为左右两方，左方列示资产各项目，反映全部资产的分布及存在形态；右方列示负债和所有者权益各项目，反映全部负债和所有者权益的内容及构成情况。资产负债表左右双方平衡，资产总计等于负债和所有者权益总计即“资产 = 负债 + 所有者权益”。此外，为了使使用者通过比较不同时点资产负债表的数据，掌握企业财务状况的变动情况及发展趋势，企业需要提供比较资产负债表，资产负债表还就各项目再分为“年初余额”和“期末余额”两栏分别填列。

二、资产负债表的格式与填列方法

（一）资产负债表的格式

下面表7-6是资产负债表的格式：

表7-6 资产负债表

会企01表

编制单位： 年 月 日 单位：元

资　　产	期末余额	年初余额	负债和所有者权益	期末余额	年初余额
流动资产：			流动负债：		
货币资金			短期借款		
交易性金融资产			交易性金融负债		
衍生金融资产			衍生金融负债		
应收票据及应收账款			应付票据及应付账款		
预付款项			预收款项		
其他应收款			合同负债		
存货			应付职工薪酬		
合同资产			应交税费		
持有待售资产			其他应付款		
一年内到期的非流动资产			持有待售负债		
其他流动资产			一年内到期的非流动负债		
流动资产合计			其他流动负债		
非流动资产：			流动负债合计		
债权投资			非流动负债：		
其他债券投资			长期借款		
长期应收款			应付债券		
长期股权投资			其中：优先股		

（续表）

资　　产	期末余额	年初余额	负债和所有者权益	期末余额	年初余额
其他权益工具投资			永续债		
其他非流动金融资产			长期应付款		
投资性房地产			预计负债		
固定资产			递延收益		
在建工程			递延所得税负债		
生产性生物资产			其他非流动负债		
油气资产			非流动负债合计		
无形资产			负债合计		
开发支出			所有者权益：		
商誉			实收资本（或股本）		
长期待摊费用			其他权益工具		
递延所得税资产			其中：优先股		
其他非流动资产			永续债		
非流动资产合计			资本公积		
			减：库存股		
			其他综合收益		
			盈余公积		
			未分配利润		
			所有者权益合计		
资产总计			负债和所有者权益合计		

（二）资产负债表项目的填列说明

资产负债表中资产、负债和所有者权益主要项目的填列说明如下：

1. 资产项目的填列说明

（1）“货币资金”项目，反映企业库存现金、银行结算户存款、外埠存款、银行汇票存款、银行本票存款、信用卡存款、信用证保证金存款等的合计数。本项目应根据“库存现金”“银行存款”“其他货币资金”科目期末余额的合计数填列。

（2）“交易性金融资产”项目，反映企业资产负债表日分类为以公允价值计量且其变动计入当期损益的金融资产，以及企业持有的直接指定为以公允价值计量且其变动计入当期损益的金融资产的期末账面价值。该项目应根据“交易性金融资产”科目的相关明细科目期末余额分析填列。自资产负债表日起超过一年到期且预期持有超过一年的以公允价值计量且其变动计入当期损益的非流动金融资产的期末账面价值，在“其他非流动金融资产”项目反映。

（3）“应收票据及应收账款”项目，反映资产负债表日以摊余成本计量的、企业因销售商品、提供服务等经营活动应收取的款项，以及收到的商业汇票，包括银行承兑汇票和商业承兑汇票。该项目应根据“应收票据”和“应收账款”科目的期末余额，减去“坏账准备”科目中相关坏账准备期末余额后的金额填列。

（4）“预付款项”项目，反映企业按照购货合同规定预付给供应单位的款项等。本项目应根据“预付账款”和“应付账款”科目所属各明细科目的期末借方余额合计数，减去“坏账准备”科目中有关预付账款计提的坏账准备期末余额后的净额填列。如“预付账款”科目所属明细科目期末有贷方余额的，应在资产负债表“应付票据及应付账款”项目内填列。

（5）“其他应收款”项目，反映企业除应收票据及应收账款、预付账款等经营活动以外的其他各种应收、暂付的款项。本项目应根据“应收利息”“应收股利”“其他应收款”科目的期末余额合计数，减去“坏账准备”科目中相关坏账准备期末余额后的金额填列。

（6）“存货”项目，反映企业期末在库、在途和在加工中的各种存货的可变现净值或成本（成本与可变现净值孰低）。存货包括各种材料、商品、在产品、半成品、包装物、低值易耗品、委托代销商品等。本项目应根据“材料采购”“原材料”“低值易耗品”“库存商品”“周转材料”“委托加工物资”“委托代销商品”“生产成本”“受托代销商品”

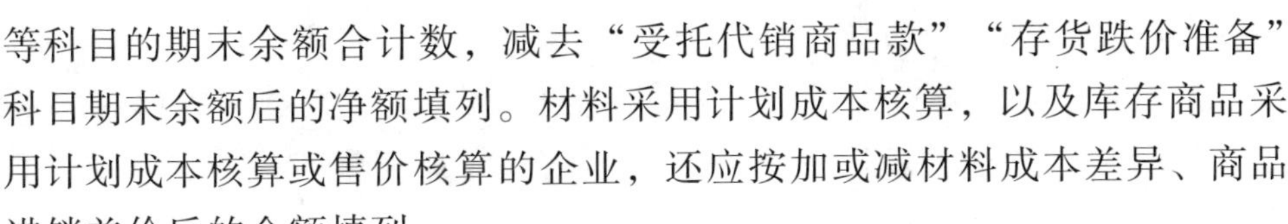

等科目的期末余额合计数，减去“受托代销商品款”“存货跌价准备”科目期末余额后的净额填列。材料采用计划成本核算，以及库存商品采用计划成本核算或售价核算的企业，还应按加或减材料成本差异、商品进销差价后的金额填列。

(7)“合同资产”项目应根据“合同资产”科目的相关明细科目期末余额分析填列。

(8)“持有待售资产”项目，反映资产负债表日划分为持有待售类别的非流动资产及划分为持有待售类别的处置组中的流动资产和非流动资产的期末账面价值。该项目应根据“持有待售资产”科目的期末余额，减去“持有待售资产减值准备”科目的期末余额后的金额填列。

(9)“一年内到期的非流动资产”项目，反映企业将于一年内到期的非流动资产项目金额。本项目应根据有关科目的期末余额分析填列

(10)“债权投资”项目，反映资产负债表日企业以摊余成本计量的长期债权投资的期末账面价值。该项目应根据“债权投资”科目的相关明细科目期末余额，减去“债权投资减值准备”科目中相关减值准备的期末余额后的金额分析填列。自资产负债表日起年内到期的长期债权投资的期末账面价值，在“一年内到期的非流动资产”项目反映。企业购入的以摊余成本计量的一年内到期的债权投资的期末账面价值，在“其他流动资产”项目反映。

(11)“其他债权投资”项目，反映资产负债表日企业分类为以公允价值计量且其变动计人其他综合收益的长期债权投资的期末账面价值。该项目应根据“其他债权投资科目的相关明细科目期末余额分析填列。自资产负债表日起一年内到期的长期债权投资的期末账面价值，在“一年内到期的非流动资产”项目反映。企业购入的以公允价值计量且其变动计入其他综合收益的一年内到期的债权投资的期末账面价值，在“其他流动资产”项目反映。

(12)“长期应收款”项目，反映企业融资租赁产生的应收款项和采用递延方式分期收款、实质上具有融资性质的销售商品和提供劳务等经营活动产生的应收款项。本项目应根据“长期应收款”科目的期末余额，减去相应的“未实现融资收益”科目和“坏账准备”科目所属相关明细科目期末余额后的金额填列。

（13）“长期股权投资”项目，反映投资方对被投资单位实施控制、重大影响的权益性投资，以及对其合营企业的权益性投资。本项目应根据“长期股权投资”科目的期末余额，减去“长期股权投资减值准备”科目的期末余额后的净额填列。

（14）“其他权益工具投资”项目，反映资产负债表日企业指定为以公允价值计量且其变动计入其他综合收益的非交易性权益工具投资的期末账面价值。该项目应根据“其他权益工具投资”科目的期末余额填列。

（15）“固定资产”项目，反映资产负债表日企业固定资产的期末账面价值和企业尚未清理完毕的固定资产清理净损益。该项目应根据“固定资产”科目的期末余额，减去“累计折旧”和“固定资产减值准备”科目的期末余额后的金额，以及“固定资产清理”科目的期末余额填列。

（16）“在建工程”项目，反映资产负债表日企业尚未达到预定可使用状态的在建工程的期末账面价值和企业为在建工程准备的各种物资的期末账面价值。该项目应根据“在建工程”科目的期末余额，减去“在建工程减值准备”科目的期末余额后的金额，以及“工程物资”科目的期末余额，减去“工程物资减值准备”科目的期末余额后的金额填列。

（17）“无形资产”项目，反映企业持有的专利权、非专利技术、商标权、著作权、土地使用权等无形资产的成本减去累计推销和减值准备后的净值。本项目应根据“无形资产”科目的期末余额，减去“累计摊销”和“无形资产减值准备”科目期末余额后的净额填列。

（18）“开发支出”项目，反映企业开发无形资产过程中能够资本化形成无形资产成本的支出部分。本项目应当根据“研发支出”科目中所属的“资本化支出”明细科目期末余额填列。

（19）“长期待摊费用”项目，反映企业已经发生但应由本期和以后各期负担的分摊期限在一年以上的各项费用。长期待摊费用中在一年内（含一年）推销的部分，在资产负债表“一年内到期的非流动资产”项目填列。本项目应根据“长期待摊费用”科目的期末余额，减去将于一年内（含一年）摊销的数额后的金额分析填列。

（20）“递延所得税资产”项目，反映企业根据所得税准则确认的可抵扣暂时性差异产生的所得税资产。本项目应根据“递延所得税资产”科目的期末余额填列。

（21）“其他非流动资产”项目，反映企业除上述非流动资产以外的其他非流动资产。本项目应根据有关科目的期末余额填列。

2. 负债项目的填列说明

（1）“短期借款”项目，反映企业向银行或其他金融机构等借入的期限在一年以下（含一年）的各种借款。本项目应根据“短期借款”科目的期末余额填列。

（2）“交易性金融负债”项目，反映企业资产负债表日承担的交易性金融负债，以及企业持有的直接指定为以公允价值计量且其变动计入当期损益的金融负债的期末账面价值。该项目应根据“交易性金融负债”科目的相关明细科目期末余额填列。

（3）“应付票据及应付账款”项目，反映资产负债表日企业因购买材料、商品和接受服务等经营活动应支付的款项，以及开出、承兑的商业汇票，包括银行承兑汇票和商业承兑汇票。该项目应根据“应付票据”科目的期末余额，以及“应付账款”和“预付账款”科目所属的相关明细科目的期末贷方余额合计数填列。

（4）“预收款项”项目，反映企业按照购货合同规定预收供应单位的款项。本项目应根据“预收账款”和“应收账款”科目所属各明细科目的期末贷方余额合计数填列。如“预收账款”科目所属明细科目期末有借方余额的，应在资产负债表“应收票据及应收账款”项目内填列。

（5）“合同负债”项目，反映企业按照《企业会计准则第 14 号——收入》（2017 年修订）的相关规定，根据本企业履行履约义务与客户付款之间的关系在资产负债表中列示合同负债。“合同负债”项目应根据“合同负债”的相关明细科目期末余额分析填列。

（6）“应付职工薪酬”项目，反映企业为获得职工提供的服务或解除劳动关系而给予的各种形式的报酬或补偿。企业提供给职工配偶、子女、受赡养人、已故员工遗属及其他受益人等的福利，也属于职工薪酬。职工薪酬主要包括短期薪酬、离职后福利、辞退福利和其他长期职工福利。本项目应根据“应付职工薪酬”科目所属各明细科目的期末贷方余额分析填列。外商投资企业按规定从净利润中提取的职工奖励及福利基金，也在本项目列示。

（7）“应交税费”项目，反映企业按照税法规定计算应交纳的各种税费，包括增值税、消费税、城市维护建设税、教育费附加、企业所得税、资源税、土地增值税、房产税、城镇土地使用税、车船税、矿产资源补偿费等。企业代扣代缴的个人所得税，也通过本项目列示。企业所交纳的税金不需要预计应交数的，如印花税、耕地占用税等，不在本项目列示。本项目应根据“应交税费”科目的期末贷方余额填列，如“应交税费”科目期末为借方余额，应以“－”号填列。需要说明的是，“应交税费”科目下的“应交增值税”“未交增值税”“待抵扣进项税额”“待认证进项税额”“增值税留抵税额等明细科目期末借方余额应根据情况，在资产负债表中的“其他流动资产”或“其他非流动资产”项目列示；“应交税费——待转销项税额”等科目期末贷方余额应根据情况，在资产负债表中的“其他流动负债”或“其他非流动负债”项目列示；“应交税费”科目下的“未交增值税”“简易计税”“转让金融商品应交增值税”“代扣代交增值税”等科目期末贷方余额应在资产负债表中的“应交税费”项目列示。

（8）“其他应付款”项目，反映企业除应付票据、应付账款、预收账款、应付职工薪酬、应交税费等经营活动以外的其他各项应付、暂收的款项。本项目应根据“应付利息”“应付股利”“其他应付款”科目的期末余额合计数填列。

（9）“持有待售负债”项目，反映资产负债表日处置组中与划分为持有待售类别的资产直接相关的负债的期末账面价值。本项目应根据“持有待售负债”科目的期末余额填列。

（10）“一年内到期的非流动负债”项目，反映企业非流动负债中将于资产负债表日后一年内到期部分的金额，如将于一年内偿还的长期借款。本项目应根据有关科目的期末余额分析填列。

（11）“长期借款”项目，反映企业向银行或其他金融机构借入的期限在一年以上（不含一年）的各项借款。本项目应根据“长期借款”科目的期末余额，扣除“长期借款”科目所属的明细科目中将在资产负债表日起一年内到期且企业不能自主地将清偿义务展期的长期借款后的金额计算填列。

（12）“应付债券”项目，反映企业为筹集长期资金而发行的债券本金（和利息）。本项目应根据“应付债券”科目的期末余额分析填列。

（13）“长期应付款”项目，反映除了长期借款和应付债券以外的其他各种长期应付款。主要有应付补偿贸易引进设备款、采用分期付款方式购入固定资产和无形资产发生的应付账款、应付融资租入固定资产租赁费等。本项目应根据“长期应付款”科目的期末余额，减去相关的“未确认融资费用”科目的期末余额后的金额，以及“专项应付款”科目的期末余额，再减去所属相关明细科目中将于一年内到期的部分后的金额填列。

（14）“预计负债”项目，反映企业根据或有事项等相关准则确认的各项预计负债包括对外提供担保、未决诉讼、产品质量保证、重组义务以及固定资产和矿区权益弃置义务等产生的预计负债。本项目应根据“预计负债”科目的期末余额填列。

（15）“递延收益”项目，反映尚待确认的收入或收益。本项目核算包括企业根据政府补助准则确认的应在以后期间计入当期损益的政府补助金额、售后租回形成融资租赁的售价与资产账面价值差额等其他递延性收入。本项目应根据“递延收益”科目的期末余额填列。

（16）“递延所得税负债”项目，反映企业根据所得税准则确认的应纳税暂时性差异产生的所得税负债。本项目应根据“递延所得税负债”科目的期末余额填列。

（17）“其他非流动负债”项目，反映企业除以上非流动负债以外的其他非流动负债。本项目应根据有关科目期末余额，减去将于一年内（含一年）到期偿还数后的余额分析填列。非流动负债各项目中将于一年内（含一年）到期的非流动负债，应在“一年内到期的非流动负债”项目内反映。

3. 所有者权益项目的填列说明

（1）“实收资本（或股本）”项目，反映企业各投资者实际投入的资本（或股本）总额。本项目应根据“实收资本（或股本）”科目的期末余额填列。

（2）“其他权益工具”项目，反映企业发行的除普通股以外分类为权益工具的金融工具的账面价值，并下设“优先股”和“永续债”两个项目，分别反映企业发行的分类为权益工具的优先股和永续债的账面价值。

（3）“资本公积”项目，反映企业收到投资者出资超出其在注册资本或股本中所占的份额以及直接计入所有者权益的利得和损失等。本项目应根据“资本公积”科目的期末余额填列。

（4）“其他综合收益”项目，反映企业其他综合收益的期末余额。本项目应根据“其他综合收益”科目的期末余额填列。

（5）“盈余公积”项目，反映企业盈余公积的期末余额。本项目应根据“盈余公积”科目的期末余额填列。

（6）“未分配利润”项目，反映企业尚未分配的利润。未分配利润是指企业实现的净利润经过弥补亏损、提取盈余公积和向投资者分配利润后留存在企业的、历年结存的利润。本项目应根据“本年利润”科目和“利润分配”科目的余额计算填列。未弥补的亏损在本项目内以“－”号填列。

三、资产负债表编制示例

【例 7-1】 资产负债表的编制处理

安居地产股份有限公司 2×18 年 12 月 31 日的资产负债表（年初余额略）及 2×19 年 12 月 31 日的科目余额表分别见表 7-7 和表 7-8。假设安居地产股份有限公司 2×19 年度除计提固定资产减值准备导致固定资产账面价值与其计税基础存在可抵扣暂时性差异外，其他资产和负债项目的账面价值均等于其计税基础。假定安居地产股份有限公司未来很可能获得足够的应纳税所得额用来抵扣可抵扣暂时性差异，适用的所得税税率为 25%。

表 7-7 资产负债表

会企 01 表

编制单位：安居地产股份有限公司　　2×18 年 12 月 31 日　　单位：元

资产	期末余额	年初余额	负债和所有者权益	期末余额	年初余额
流动资产：			流动负债：		
货币资金	1 406 300		短期借款	850 000	
交易性金融资产			交易性金融负债		
衍生金融资产			衍生金融负债		
应收票据及应收账款	13 000 000		应付票据及应付账款	350 000	

（续表）

资产	期末余额	年初余额	负债和所有者权益	期末余额	年初余额
预付款项			预收款项		
其他应收款			合同负债		
存货	10 000 000		应付职工薪酬	900 000	
合同资产			应交税费		
持有待售资产			其他应付款		
一年内到期的非流动资产			持有待售负债		
其他流动资产			一年内到期的非流动负债	876 300	
流动资产合计	24 406 300		其他流动负债		
非流动资产：			流动负债合计	2 976 300	
债权投资			非流动负债：		
其他债券投资			长期借款	4 000 000	
长期应收款			应付债券		
长期股权投资			其中：优先股		
其他权益工具投资			永续债		
其他非流动金融资产			长期应付款		
投资性房地产			预计负债	3 900 000	
固定资产	30 000 000		递延收益		
在建工程	800 000		递延所得税负债		
生产性生物资产			其他非流动负债		
油气资产			非流动负债合计	7 900 000	
无形资产	6 000 000		负债合计	10 876 300	
开发支出			所有者权益：		
商誉			实收资本（或股本）	50 000 000	

（续表）

资产	期末余额	年初余额	负债和所有者权益	期末余额	年初余额
长期待摊费用			其他权益工具		
递延所得税资产			其中：优先股		
其他非流动资产			永续债		
非流动资产合计	36 800 000		资本公积		
			减：库存股		
			其他综合收益	80 000	
			盈余公积	120 000	
			未分配利润	130 000	
			所有者权益合计	50 330 000	
资产总计	61 206 300		负债和所有者权益合计	61 206 300	

表 7-8　科目余额表

单位：元

科目名称	借方余额	科目名称	贷方余额
库存现金	1 000	短期借款	500 000
银行存款	1 009 000	应付票据	300 000
其他货币资金	990 000	应付账款	50 000
交易性金融资产	0	其他应付款	
应收票据	6 000 000	应付职工薪酬	800 000
应收账款	7 000 000	应交税费	
坏账准备	-450 000	应付利息	
预付账款		应付股利	
其他应收款		一年内到期的长期负债	50 000

（续表）

科目名称	借方余额	科目名称	贷方余额
材料采购		长期借款	1 500 000
原材料	1 000 000	股本	50 000 000
周转材料		盈余公积	
库存商品		利润分配（未分配利润）	
发出商品	8 000 000		
委托加工物资	2 000 000		
委托代销商品			
生产成本	3 000 000		
受托代销商品	4 000 000		
受托代销商品款	-4 000 000		
材料成本差异	-250 000		
存货跌价准备	-1 000 000		
其他流动资产			
长期股权投资			
固定资产	50 000 000		
累计折旧	-30 000 000		
固定资产减值准备	-5 000 000		
固定资产清理	5 000 00		
工程物资			
在建工程			
无形资产	8 000 000		
累计摊销	-2 000 000		
无形资产减值准备	-1 000 000		
递延所得税资产			
其他长期资产			
合计	53 200 000	合计	53 200 000

根据上述资料，编制安居地产股份有限公司2×19年12月31日的资产负债表，见表7-9。

表7-9 资产负债表

会企01表

编制制单位：安居地产股份有限公司　　2×19年12月31日

单位：元

资产	期末余额	年初余额	负债和所有者权益	期末余额	年初余额
流动资产：			流动负债：		
货币资金	2 000 000	1 406 300	短期借款	500 000	850 000
交易性金融资产			交易性金融负债		
衍生金融资产			衍生金融负债		
应收票据及应收账款	12 550 000	13 000 000	应付票据及应付账款	350 000	350 000
预付款项			预收款项		
其他应收款			合同负债		
存货	12 750 000	10 000 000	应付职工薪酬	800 000	900 000
合同资产			应交税费		
持有待售资产			其他应付款		
一年内到期的非流动资产			持有待售负债		
其他流动资产			一年内到期的非流动负债	50 000	876 300
流动资产合计	27 300 000	24 406 300	其他流动负债		
非流动资产：			流动负债合计	1 700 000	2 976 300
债权投资			非流动负债：		
其他债券投资			长期借款	1 500 000	4 000 000
长期应收款			应付债券		
长期股权投资			其中：优先股		
其他权益工具投资			永续债		
其他非流动金融资产			长期应付款		

（续表）

资产	期末余额	年初余额	负债和所有者权益	期末余额	年初余额
投资性房地产			预计负债		3 900 000
固定资产	20 000 000	30 000 000	递延收益		
在建工程	900 000	800 000	递延所得税负债		
生产性生物资产			其他非流动负债		
油气资产			非流动负债合计	1 500 000	7 900 000
无形资产	5 000 000	6 000 000	负债合计	3 200 000	10 876 300
开发支出			所有者权益：		
商誉			实收资本（或股本）	50 000 000	50 000 000
长期待摊费用			其他权益工具		
递延所得税资产			其中：优先股		
其他非流动资产			永续债		
非流动资产合计	25 900 000	36 800 000	资本公积		
			减：库存股		
			其他综合收益		
			盈余公积		120 000
			未分配利润		210 000
			所有者权益合计	50 000 000	50 330 000
资产总计	53 200 000	61 206 300	负债和所有者权益合计	53 200 000	61 206 300

第三节　利润表

一、利润表的内容及结构

（一）利润表的内容

利润表是反映企业在一定会计期间的经营成果的会计报表。利润表的列报必须充分反映企业经营业绩的主要来源和构成，有助于使用者判断净利润的质量及其风险，有助于使用者预测净利润的持续性，从而作出正确的决策。通过利润表，可以反映企业一定会计期间的收入实现情况，如实现的营业收入有多少、实现的投资收益有多少、实现的营业外收入有多少等等；可以反映一定会计期间的费用耗费情况，如耗费的营业成本有多少、营业税费有多少、销售费用、管理费用、财务费用各有多少、营业外支出有多少等等；可以反映企业生产经营活动的成果，即净利润的实现情况，据以判断资本保值、增值情况。将利润表中的信息与资产负债表中的信息相结合，还可以提供进行财务分析的基本资料，如将赊销收入净额与应收账款平均余额进行比较，计算出应收账款周转率；将销货成本与存货平均余额进行比较，计算出存货周转率；将净利润与资产总额进行比较，计算出资产收益率等，可以表现企业资金周转情况以及企业的盈利能力和水平，便于报表使用者判断企业未来的发展趋势，作出经济决策。

（二）利润表的结构

常见的利润表结构主要有单步式和多步式两种。在我国，企业利润表采用的基本上是多步式结构，即通过对当期的收入、费用、支出项目按性质加以归类，按利润形成的主要环节列示一些中间性利润指标，分步计算当期经损益。

利润表主要反映以下几方面的内容：（1）营业收入，由主营业务收入和其他业务收入组成。(2) 营业利润，营业收入减去营业成本（主营业务成本、其他业务成本）营业税金及附加、销售费用、管理费用、财务费用、资产减值损失，加上公允价值变动收益、投资收益，即为营业利润。(3) 利润总额，营业利润加上营业外收入，减去营业外支出，即为利润总额。(4) 净利润，利润总额减去所得税费用，即为净利润。(5) 每股收益，普通股或潜在普通股已公开交易的企业，以及正处于公开发行普通股或潜在普通股过程中的企业，还应当在利润表中列示每股收益信息，包括基本每股收益和稀释每股收益两项指标。

此外，为了使报表使用者通过比较不同期间利润的实现情况，判断企业经营成果的未来发展趋势，企业需要提供比较利润表，利润表还就各项目再分为“本期金额”和“上期金额”两栏分别填列。

为了使财务报表使用者通过比较不同期间利润的实现情况，判断企业经营成果的未来发展趋势，企业需要提供比较利润表。为此，利润表还需就各项目再分为“本期金额”和“上期金额”两栏分布填列。我国企业利润表的格式一般如表 7-10 所示。

表 7-10　利润表

会企 02 表

编制单位：　　　　____年____月　　　　单位：元

项　　目	本期金额	上期金额
一、营业收入		
减：营业成本		
税金及附加		
销售费用		
管理费用		
研发费用		
财务费用		
其中：利息费用		
利息收入		
资产减值损失		
信用减值损失		
加：其他收益		

（续表）

项　　目	本期金额	上期金额
投资收益（损失以“－”号填列）		
其中：对联营企业和合营企业的投资收益		
公允价值变动收益（损失以“－”号填列）		
资产处置收益（损失以“－”号填列）		
二、营业利润（亏损以“－”号填列）		
加：营业外收入		
减：营业外支出		
三、利润总额（亏损总额以“－”号填列）		
减：所得税费用		
四、净利润（净亏损以“－”号填列）		
五、其他综合收益的税后净额		
（一）不能重分类进损益的其他综合收益		
1. 重新计量设定受益计划变动额		
2. 权益法下不能转损益的其他综合收益		
3. 其他权益工具投资公允价值变动		
4. 企业自身信用风险公允价值变动		
……		
（二）将重分类进损益的其他综合收益		
1. 权益法下可转损益的其他综合收益		
2. 其他债权投资公允价值变动		
3. 金融资产重分类计入其他综合收益的金额		
4. 其他债权投资信用减值准备		
5. 现金流量套期		
6. 外币财务报表折算差额		
……		
六、综合收益总额		
七、每股收益		
（一）基本每股收益		
（二）稀释每股收益		

二、利润表的编制

利润表编制的原理是“收人 - 费用 = 利润”的会计平衡公式和收入与费用的配比原则。企业在生产经营中不断地取得各项收入，同时发生各种费用，收入减去费用，剩余的部分就是企业的盈利。取得的收入和发生的相关费用的对比情况就是企业的经营成果。如果企业经营不当，发生的生产经营费用超过取得的收入，企业就发生了亏损；反之企业就能取得一定的利润。企业将经营成果的核算过程和结果编制成报表，就形成了利润表。

（一）利润表项目的填列方法

我国企业利润表的主要编制步骤和内容如下：

第一步，以营业收入为基础，减去营业成本、税金及附加、销售费用、管理费用、研发费用、财务费用、资产减值损失、信用减值损失，加上其他收益、投资收益（或减去投资损失）、公允价值变动收益（或减去公允价值变动损失）、资产处置收益（或减去资产处置损失），计算出营业利润。

第二步，以营业利润为基础，加上营业外收入，减去营业外支出，计算出利润总额。

第三步，以利润总额为基础，减去所得税费用，即计算出净利润（或净亏损）。

第四步，以净利润（或净亏损）为基础，计算出每股收益。

第五步，以净利润（或净亏损）和其他综合收益为基础，计算出综合收益总额。

利润表各项目均需填列“本期金额”和“上期金额”两栏。其中“上期金额”栏内各项数字，应根据上年该期利润表的“本期金额”栏内所列数字填列。“本期金额”栏内各期数字，除“基本每股收益”和“稀释每股收益”项目外，应当按照相关科目的发生额分析填列。如“营业收入”项目，根据“主营业务收入”“其他业务收入”科目的发生额分析计算填列；“营业成本”项目，根据“主营业务成本”“其他业务成本”科目的发生额分析计算填列。

（二）利润表项目的填列说明

1. “营业收入”项目，反映企业经营主要业务和其他业务所确认的收入总额。本项目应根据“主营业务收入”和“其他业务收入”科目的发生额分析填列。

2. “营业成本”项目反映企业经营主要业务和其他业务所发生的成本总额。本项目应根据“主营业务成本”和“其他业务成本”科目的发生额分析填列。

3. “税金及附加”项目，反映企业经营业务应负担的消费税、城市维护建设税、教育费附加、资源税、土地增值税及房产税、车船税、城镇土地使用税、印花税等相关税费。本项目应根据“税金及附加”科目的发生额分析填列。

4. “销售费用”项目，反映企业在销售商品过程中发生的包装费、广告费等费用和为销售本企业商品而专设的销售机构的职工薪酬、业务费等经营费用。本项目应根据“销售费用”科目的发生额分析填列。

5. “管理费用”项目，反映企业为组织和管理生产经营发生的管理费用。本项目应根据“管理费用”科目的发生额分析填列。

6. “研发费用”项目，反映企业进行研究与开发过程中发生的费用化支出。该项目应根据“管理费用”科目下的“研发费用”明细科目的发生额分析填列。

7. “财务费用”项目，反映企业为筹集生产经营所需资金等而发生的筹资费用。本项目应根据“财务费用”科目的发生额分析填列。“其中：利息费用”项目，反映企业为筹集生产经营所需资金等而发生的应予费用化的利息支出，该项目应根据“财务费用”科目的相关明细科目的发生额分析填列。“利息收入”项目，反映企业确认的利息收入，该项目应根据“财务费用”科目的相关明细科目的发生额分析填列。

8. “资产减值损失”项目，反映企业各项资产发生的减值损失。本项目应根据“资产减值损失”科目的发生额分析填列。

9. “信用减值损失”项目，反映企业计提的各项金融工具减值准备所形成的预期信用损失。该项目应根据“信用减值损失”科目的发生额分析填列。

10. “其他收益”项目，反映计入其他收益的政府补助等。本项目应根据“其他收益”科目的发生额分析填列。

11. “投资收益”项目，反映企业以各种方式对外投资所取得的收益。本项目应根据“投资收益”科目的发生额分析填列。如为投资损失，本项目以“－”号填列。

12. “公允价值变动收益”项目，反映企业应当计入当期损益的资产或负债公允价值变动收益。本项目应根据“公允价值变动损益”科目的发生额分析填列，如为净损失本项目以“－”号填列。

13. “资产处置收益”项目，反映企业出售划分为持有待售的非流动资产（金融工具、长期股权投资和投资性房地产除外）或处置组（子公司和业务除外）时确认的处置利得或损失，以及处置未划分为持有待售的固定资产、在建工程、生产性生物资产及无形资产而产生的处置利得或损失。债务重组中因处置非流动资产产生的利得或损失、非货币性资产交换中换出非流动资产产生的利得或损失也包括在本项目内。本项目应根据“资产处置损益”科目的发生额分析填列；如为处置损失，以“－”号填列。

14. “营业利润”项目，反映企业实现的营业利润。如为亏损，以“－”号填列。

15. “营业外收入”项目，反映企业发生的除营业利润以外的收益，主要包括债务重组利得、与企业日常活动无关的政府补助、盘盈利得、捐赠利得（企业接受股东或股东的子公司直接或间接的捐赠，经济实质属于股东对企业的资本性投入的除外）等。本项目应根据“营业外收入”科目的发生额分析填列。

2018年度利润表中“营业外收入”项目“本期金额”的列报金额$=50+20=70$（万元）。

16. “营业外支出”项目，反映企业发生的与经营业务无直接关系的各项支出，主要包括债务重组损失、公益性捐赠支出、非常损失、盘亏损失、非流动资产毁损报废损失等。本项目应根据“营业外支出”科目的发生额分析填列。

17. “利润总额”项目，反映企业实现的利润。如为亏损，以“－”号填列。

18. “所得税费用”项目，反映企业应从当期利润总额中扣除的所得税费用。本项目应根据“所得税费用”科目的发生额分析填列。

19. “净利润”项目，反映企业实现的净利润。如为亏损，以“－”号填列。

20. “其他综合收益的税后净额”项目，反映企业根据企业会计准则规定未在损益中确认的各项利得和损失扣除所得税影响后的净额。

21. “综合收益总额”项目，反映企业净利润与其他综合收益（税后净额）的合计金额。

22. “每股收益”项目，包括基本每股收益和稀释每股收益两项指标，反映普通股或潜在普通股已公开交易的企业，以及正处在公开发行普通股或潜在普通股过程中的企业的每股收益信息。

三、利润表编制示例

【例 7-2】 利润表的编制处理

安居地产股份有限公司 2×19 年度有关损益类科目本年累计发生净额如表 7-11 所示。

表 7-11 安居地产股份有限公司损益类科目 2×19 年度累计发生净额

单位：元

科目名称	借方发生额	贷方发生额
主营业务收入		100 000 000
主营业务成本	80 000 000	
税金及附加	5 000 000	
销售费用	18 000	
管理费用	153 100	
财务费用	11 000 000	
资产减值损失		30 800
信用减值损失		
投资收益		95 000
营业外收入		150 000
营业外支出	18 500	
所得税费用	205 000	

根据上述资料，编制安居地产股份有限公司2×19年度利润表，如表7-12所示。

表7-12　利润表

会企02表

编制单位；安居地产股份有限公司　　2×19年　　单位：元

项　　目	本期金额	上期金额
一、营业收入	100 000 000	
减：营业成本	80 000 000	
税金及附加	5 000 000	
销售费用		
管理费用	153 100	
研发费用		
财务费用	11 000 000	
其中：利息费用	10 000 000	
利息收入	80 000	
资产减值损失	-30 800	
信用减值损失		
加：其他收益		
投资收益（损失以“-”号填列）	95 000	
其中：对联营企业和合营企业的投资收益	90 500	
公允价值变动收益（损失以“-”号填列）	4 000	
资产处置收益（损失以“-”号填列）	500	
二、营业利润（亏损以“-”号填列）	3 911 100	
加：营业外收入	150 000	
减：营业外支出	18 500	
三、利润总额（亏损总额以“-”号填列）	4 042 600	
减：所得税费用	205 000	

（续表）

项　　目	本期金额	上期金额
四、净利润（净亏损以"－"号填列）	3 837 600	
五、其他综合收益的税后净额		
（一）不能重分类进损益的其他综合收益		
1. 重新计量设定受益计划变动额		
2. 权益法下不能转损益的其他综合收益		
3. 其他权益工具投资公允价值变动		
4. 企业自身信用风险公允价值变动		
⋮		
（二）将重分类进损益的其他综合收益		
1. 权益法下可转损益的其他综合收益		
2. 其他债权投资公允价值变动		
3. 金融资产重分类计入其他综合收益的金额		
4. 其他债权投资信用减值准备		
5. 现金流量套期		
6. 外币财务报表折算差额		
⋮		
六、综合收益总额	3 837 600	
七、每股收益		
（一）基本每股收益		
（二）稀释每股收益		

第四节 现金流量表

一、现金流量表的内容及结构

（一）现金流量表的内容

现金流量表，是指反映企业在一定会计期间现金和现金等价物流入和流出的报表。从编制原则上看，现金流量表按照收付实现制原则编制，将权责发生制下的盈利信息调整为收付实现制下的现金流量信息，便于信息使用者了解企业净利润的质量。从内容上看，现金流量表被划分为经营活动、投资活动和筹资活动三个部分，每类活动又分为各具体项目，这些项目从不同角度反映企业业务活动的现金流入与流出，弥补了资产负债表和利润表提供信息的不足。通过现金流量表，报表使用者能够了解现金流量的影响因素，评价企业的支付能力、偿债能力和周转能力，预测企业未来现金流量，为其决策提供有力依据。

（二）现金流量表的结构

在现金流量表中，现金及现金等价物被视为一个整体，企业现金形式的转换不会产生现金的流入和流出。例如，企业从银行提取现金，是企业现金存放形式的转换，并未流出企业，不构成现金流量。同样，现金与现金等价物之间的转换也不属于现金流量，例如，企业用现金购买三个月到期的国库券。根据企业业务活动的性质和现金流量的来源，现金流量表在结构上将企业一定期间产生的现金流量分为三类：经营活动产生的现金流量、投资活动产生的现金流量和筹资活动产生的现金流量。

二、现金流量表的填列方法

（一）经营活动产生的现金流量

经营活动产生的现金流量具体的填列方法如表 7-13 所示。

表 7-13　经营活动产生的现金流量

经营活动产生的现金流量	销售商品、提供劳务收到的现金	反映企业本年销售商品、提供劳务收到的现金，以及以前年度销售商品、提供劳务本年收到的现金（包括应向购买者收取的增值税销项税额）和本年预收的款项，减去本年销售本年退回商品和以前年度销售本年退回商品支付的现金。企业销售材料和代购代销业务收到的现金，也在本项目反映
	收到的税费返还	反映企业收到返还的所得税、增值税、营业税、消费税、关税和教育费附加等各种税费返还款
	收到其他与经营活动有关的现金	反映企业经营租赁收到的租金等其他与经营活动有关的现金流入，金额较大的应当单独列示
	购买商品、接受劳务支付的现金	反映企业本年购买商品、接受劳务实际支付的现金（包括增值税进项税额），以及本年支付以前年度购买商品、接受劳务的未付款项和本年预付款项，减去本年发生的购货退回收到的现金。企业购买材料和代购代销业务支付的现金，也在本项目反映
	支付给职工以及为职工支付的现金	反映企业本年实际支付给职工的工资、资金、各种津贴和补贴等职工薪酬（包括代扣代缴的职工个人所得税）
	支付的各项税费	反映企业本年发生并支付、以前各年发生本年支付以及预交的各项税费，包括所得税、增值税、营业税、消费税、印花税、房产税、土地增值税、车船使用税、教育费附加等
	支付其他与经营活动有关的现金	反映企业经营租赁支付的租金、支付的差旅费、业务招待费、保险费、罚款支出等其他与经营活动有关的现金流出，金额较大的应当单独列示

（二）投资活动产生的现金流量

投资活动产生的现金流量如表 7-14 所示。

表 7-14　投资活动产生的现金流量

投资活动产生的现金流量	收回投资收到的现金	反映企业出售、转让或到期收回除现金等价物以外的对其他企业长期股权投资而收到的现金，但处置子公司及其他营业单应收到的现金净额除外
	取得投资收益收到的现金	反映企业除现金等价物以外的对其他企业的长期股权投资等分回的现金股利和利息等
	处置固定资产、无形资产和其他长期资产收回的现金净额	反映企业出售、报废固定资产、无形资产和其他长期资产所取得的现金（包括因资产毁损而收到的保险赔偿收入），减去为处置这些资产而支付的有关费用后的净额
	处置子公司及其他营业单应收到的现金净额	反映企业处置子公司及其他营业单位所取得的现金，减去相关处置费用以及子公司及其他营业单位持有的现金和现金等价物后的净额
	购建固定资产、无形资产和其他长期资产支付的现金	反映企业购买、建造固定资产、取得无形资产和其他长期资产所支付的现金（含增值税款等），以及用现金支付的应由在建工程和无形资产负担的职工薪酬
	投资支付的现金	反映企业取得除现金等价物以外的对其他企业的长期股权投资所支付的现金以及支付的佣金、手续费等附加费用，但取得子公司及其他营业单位支付的现金净额除外
	取得子公司及其他营业单位支付的现金净额	反映企业购买子公司及其他营业单位购买出价中以现金支付的部分，减去子公司及其他营业单位持有的现金和现金等价物后的净额
	收到其他与投资活动有关的现金与支付其他与投资活动有关的现金	反映企业除上述（1）至（7）项目外收到或支付的其他与投资活动有关的现金，金额较大的应当单独列示

（三）筹资活动产生的现金流量

筹资活动产生的现金流量如表7-15所示。

表7-15　筹资活动产生的现金流量

筹资活动产生的现金流量	吸收投资收到的现金	反映企业以发行股票、债券等方式筹集资金实际收到的款项，减去直接支付的佣金、手续费、宣传费、咨询费、印刷费等发行费用后的净额
	取得借款收到的现金	反映企业举借各种短期、长期借款而收到的现金
	偿还债务支付的现金	反映企业为偿还债务本金而支付的现金
	分配股利、利润或偿付利息支付的现金	反映企业实际支付的现金股利、支付给其他投资单位的利润或用现金支付的借款利息、债券利息。
	收到其他与筹资活动有关的现金、支付其他与筹资活动有关的现金	反映企业除上述（1）至（4）项目外收到或支付的其他与筹资活动有关的现金，金额较大的应当单独列示

（四）汇率变动对现金及现金等价物的影响

编制现金流量表时，应当将企业外币现金流量以及境外子公司的现金流量折算成记账本位币。外币现金流量以及境外子公司的现金流量，应当采用现金流量发生日的即期汇率或按照系统合理的方法确定的、与现金流量发生日即期汇率近似的汇率折算。汇率变动对现金的影响额应当作为调节项目，在现金流量表中单独列报。

汇率变动对现金的影响，指企业外币现金流量及境外子公司的现金流量折算成记账本位币时，所采用的是现金流量发生日的汇率或按照系统合理的方法确定的、与现金流量发生日即期汇率近似的汇率，而现金流量表“现金及现金等价物净增加额”项目中外币现金净增加额是按资产负债表日的即期汇率折算的。这两者的差额即为汇率变动对现金的影响。

在编制现金流量表时，对当期发生的外币业务，也可不必逐笔计算汇率变动对现金的影响，可以通过现金流量表补充资料中“现金及现金等价物净增加额”数额与现金流量表中“经营活动产生的现金流量净

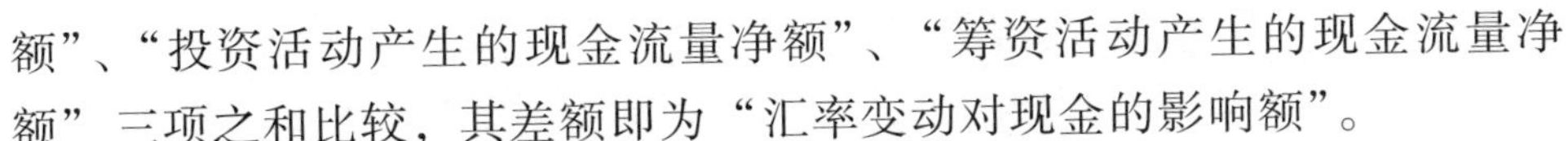

额”、“投资活动产生的现金流量净额”、“筹资活动产生的现金流量净额”三项之和比较，其差额即为“汇率变动对现金的影响额”。

三、现金流量表的编制方法及程序

（一）直接法和间接法

编制现金流量表时，列报经营活动现金流量的方法有两种，一是直接法，一是间接法。在直接法下，一般是以利润表中的营业收入为起算点，调节与经营活动有关的项目的增减变动，然后计算出经营活动产生的现金流量。在间接法下，将净利润调节为经营活动现金流量，实际上就是将按权责发生制原则确定的净利润调整为现金净流入，并剔除投资活动和筹资活动对现金流量的影响。

采用直接法编报的现金流量表，便于分析企业经营活动产生的现金流量的来源和用途，预测企业现金流量的未来前景；采用间接法编报现金流量表，便于将净利润与经营活动产生的现金流量净额进行比较，了解净利润与经营活动产生的现金流量差异的原因，从现金流量的角度分析净利润的质量。所以，我国企业会计准则规定企业应当采用直接法编报现金流量表，同时要求在附注中提供以净利润为基础调节到经营活动现金流量的信息。

（二）工作底稿法、T型账户法和分析填列法

在具体编制现金流量表时，可以采用工作底稿法或T型账户法，也可以根据有关科目记录分析填列。

1. 工作底稿法

采用工作底稿法编制现金流量表，是以工作底稿为手段，以资产负债表和利润表数据为基础，对每一项目进行分析并编制调整分录，从而编制现金流量表。工作底稿法的程序是：

第一步，将资产负债表的期初数和期末数过入工作底稿的期初数栏和期末数栏。

第二步，对当其业务进行分析并编制调整分录。编制调整分录时，要以利润表项目为基础，从“营业收入”开始，结合资产负债表项目逐

一进行分析。在调整分录中，有关现金和现金等价物的事项，并不直接借记或贷记现金，而是分别计入“经营活动产生的现金流量”、“投资活动产生的现金流量”、“筹资活动产生的现金流量”有关项目，借记表示现金流入，贷记表示现金流出。

第三步，将调整分录过入工作底稿中的相应部分。

第四步，核对调整分录，借方、贷方合计数均已经相等，资产负债表项目期初数加减调整分录中的借贷金额以后，也等于期末数。

第五步，根据工作底稿中的现金流量表项目部分编制正式的现金流量表。

2. T 型账户法

采用 T 型账户法编制现金流量表，是以 T 型账户为手段，以资产负债表和利润表数据为基础，对每一项目进行分析并编制调整分录，从而编制现金流量表。T 型账户法的程序是：

第一步，为所有的非现金项目（包括资产负债表项目和利润表项目）分别开设 T 形账户，并将各自的期末期初变动数过入各该账户。如果项目的期末数大于期初数，则将差额过入和项目余额相同的方向；反之，过入相反的方向。

第二步，开设一个大的“现金及现金等价物”T 形账户，每边分为经营活动、投资活动和筹资活动三个部分，左边记现金流入，右边记现金流出。与其他账户一样，过入期末期初变动数。

第三步，以利润表项目为基础，结合资产负债表分析每一个非现金项目的增减变动，并据此编制调整分录。

第四步，将调整分录过入各 T 形账户，并进行核对，该账户借贷相抵后的余额与原先过入的期末期初变动数应当一致。

第五步，根据大的“现金及现金等价物”T 形账户编制正式的现金流量表。

3. 分析填列法

分析填列法是直接根据资产负债表、利润表和有关会计科目明细账的记录，分析计算出现金流量表各项目的金额，并据以编制现金流量表的一种方法。

四、现金流量表编制示例

【例7-3】　现金流量表的编制处理

LD房地产开发公司2×19年有关资料如下（销售不动产的增值税税率为9%，购买原材料增值税税率为13%）：

（1）本期主营业务收入为2 000万元；收回应收账款240万元；预收甲公司货款100万元。

（2）本期购材料成本为1 400万元；支付去年应付账款100万元；预付材料供应商乙公司货款220万元。

（3）本期发放的职工工资总额为200万元，其中生产经营及管理人员的工资140万元，奖金30万元：在建工程人员的工资24万元，奖金6万元，工资及奖金全部从银行提取现金发放。

（4）本期所得税费用为320万元，未交所得税的年初数为240万元，年末数为200万元。（无调整事项）。

（5）为建造厂房，本期以银行存款购入固定资产200万元，支付增值税税额34万元。

（6）购入股票200万股，每股价格5.2元，其中包含的已宣告但尚未领取的现金股利每股0.2元，作为短期投资核算。

（7）到期收回长期债券投资，面值200万元，3年期，利率3%，一次还本付息。

（8）对一台管理用设备进行清理，该设备账面原价240万元，已提折旧160万元，以银行存款支付清理费用4万元，收到变价收入26万元，该设备已清理完毕。

（9）借入短期借款480万元，借入长期借款920万元，当年以银行存款支付利息60万元。

（10）向股东支付上年现金股利100万元。

（11）该企业期初现金及现金等价物为1 200万元。

各个现金流量项目的计算过程如下：

（1）“销售商品、提供劳务收到的现金”项目＝2 000×（1＋9%）＋240＋100＝2 520（万元）

（2）“购买商品、接受劳务支付的现金”项目 =1 400 ×（1 + 13%）+100 +220 =1 902（万元）

（3）“支付给职工以及为职工支付的现金”项目 =140 +30 +24 + 6 =200（万元）

（4）“支付的各项税费”项目 =320 +240 －200 =360（万元）

（5）“收回投资收到的现金”项目 =200（万元）

（6）“取得投资收益收到的现金”项目 =200 ×3% ×3 =18（万元）

（7）“处置固定资产、无形资产和其他长期资产收回的现金净额”项目 =26 －4 =22（万元）

（8）“购建固定资产、无形资产和其他长期资产支付的现金”项目 =200 +34 =234（万元）

（9）“投资支付的现金”项目 =200 ×5.2 =1 040（万元）

（10）“取得借款收到的现金”项目 =480 +920 =1 400（万元）

（11）“分配股利、利润或偿付利息支付的现金”项目 =60 +100 =160（万元）

据此，LD 房地产开发公司编制的现金流量表如下表 1-1 所示。

表 7-16　现金流量表

编制单位：LD 房地产开发公司　　2×19 年度　　单位：元

项　　目	本期金额
一、经营活动产生的现金流量：	
销售商品、提供劳务收到的现金	2520
收到的税费返还	
收到其他与经营活动有关的现金	
经营活动现金流入小计	2 600
购买商品、接受劳务支付的现金	1 902
支付给职工以及为职工支付的现金	200

（续表）

项　　目	本期金额
支付的各项税费	360
支付其他与经营活动有关的现金	
经营活动现金流出小计	2 462
经营活动产生的现金流量净额	58
二、投资活动产生的现金流量：	
收回投资收到的现金	200
取得投资收益收到的现金	18
处置固定资产、无形资产和其他长期资产收回的现金净额	22
处置子公司及其他营业单位收到的现金净额	
收到其他与投资活动有关的现金	
投资活动现金流入小计	240
购建固定资产、无形资产和其他长期资产支付的现金	234
投资支付的现金	1 040
取得子公司及其他营业单位支付的现金净额	
支付其他与投资活动有关的现金	
投资活动现金流出小计	1 274
投资活动产生的现金流量净额	－1 034
三、筹资活动产生的现金流量：	
吸收投资收到的现金	
取得借款收到的现金	1 400
收到其他与筹资活动有关的现金	
筹资活动现金流入小计	1 400

（续表）

项　　目	本期金额
偿还债务支付的现金	
分配股利、利润或偿付利息支付的现金	160
支付其他与筹资活动有关的现金	
筹资活动现金流出小计	160
筹资活动产生的现金流量净额	1 240
四、汇率变动对现金及现金等价物的影响	
五、现金及现金等价物净增加额	264
加：期初现金及现金等价物余额	1 200
六、期末现金及现金等价物余额	1 464

第五节　所有者权益变动表

一、所有者权益变动表的内容及结构

该部分见表7-17。

表7-17　所有者权益变动表的内容及结构

所有者权益变动表	反映构成所有者权益各组成部分当期增减变动情况的报表
结构	当期损益、直接所有者权益的利得和损失，以及与所有者的资本交易导致的所有者权益的变动分别列示
单独列示反映的信息项目	综合收益总额；会计政策变更和差错更正的累积影响金额；所有者投入资本和向所有者分配利润等；提取的盈余公积；实收资本或股本、资本公积、盈余公积、未分配利润的期初和期末余额及其调节情况

二、所有者权益变动表的填列方法

（一）上年金额栏的填列方法

所有者权益变动表“上年金额”栏内各项数字，应根据上年度所有者权益变动表“本年金额”栏内所列数字填列。如果上年度所有者权益变动表规定的各个项目的名称和内容同本年度不相一致，应对上年度所有者权益变动表各项目的名称和数字按本年度的规定进行调整，填入所有者权益变动表“上年金额”栏内。

（二）本年金额栏的填列方法

所有者权益变动表“本年金额”栏内各项数字一般应根据“实收资本（或股本）”、“其他权益工具”、“资本公积”、“库存股”、“其他综合收益”、“盈余公积”、“利润分配”、“以前年度损益调整”科目的发生额分析填列。

三、所有者权益变动表编制示例

【例 7-4】　所有者权益变动表的编制处理

沿用【例 7-1】、【例 7-2】和【例 7-3】的资料，安居地产股份有限公司其他相关资料为：

2×17 年 12 月 31 日所有者权益各项目余额如下：股本 50 000 000 元，盈余公积 100 000 元，未分配利润 50 000 元。2×18 年，安居地产股份有限公司获得综合收益总领为 280 000 元（其中，净利润 200 000 元），提取盈余公积 20 000 元，分配现金股利 100 000 元。

根据上述资料，安居地产股份有限公司编制 2×18 年度的所有者权益变动表。如表 7-18 所示。

表 7-18 所有者权益变动表

编制单位：安居地产股份有限公司　　　　2×18 年度　　　　会企 04 表
单位：元

项目	本年金额										上年金额									
	实收资本（或股本）	其他权益工具			资本公积	减：库存股	其他综合收益	盈余公积	未分配利润	所有者权益合计	实收资本（或股本）	其他权益工具			资本公积	减：库存股	其他综合收益	盈余公积	未分配利润	所有者权益合计
		优先股	永续债	其他								优先股	永续债	其他						
一、上年年末余额	50 000 000							100 000	50 000	50 150 000										
加：会计政策变更																				
前期差错更正																				
其他																				
二、本年年初金额	50 000 000							100 000	50 000	50 150 000										
三、本年增减变动金额（减少以"－"号填列）																				
（一）综合收益总额							80 000		200 000	280 000										
（二）所有者投入和减少资本																				

（续表）

项目	本年金额										上年金额									
	实收资本（或股本）	其他权益工具			资本公积	减：库存股	其他综合收益	盈余公积	未分配利润	所有者权益合计	实收资本（或股本）	其他权益工具			资本公积	减：库存股	其他综合收益	盈余公积	未分配利润	所有者权益合计
		优先股	永续债	其他								优先股	永续债	其他						
1. 所有者投入的普通股																				
2. 其他权益工具持有者投入资本																				
3. 股份支付计入所有者权益的金额																				
4. 其他																				
（三）利润分配																				
1. 提取盈余公积								20 000	−20 000	0										
2. 对所有者(或股东)的分配									−100 000	−100 000										
3. 其他																				
（四）所有者权益内部结转																				
1. 资本公积转增资本（或股本）																				

（续表）

项　目	本年金额										上年金额									
	实收资本（或股本）	其他权益工具			资本公积	减：库存股	其他综合收益	盈余公积	未分配利润	所有者权益合计	实收资本（或股本）	其他权益工具			资本公积	减：库存股	其他综合收益	盈余公积	未分配利润	所有者权益合计
		优先股	永续债	其他								优先股	永续债	其他						
2. 盈余公积转增资本（或股本）																				
3. 盈余公积弥补亏损																				
4. 设定受益计划变动额结转留存收益																				
5. 其他综合收益结转留存收益																				
6. 其他																				
四、本年年末余额	5 000 000						80 000	120 000	130 000	50 330 000	50 000 000							100 000	50 000	50 150 000

第六节　附　注

附注是对资产负债表、利润表、现金流量表和所有者权益变动表等报表中列示项目的文字描述或明细资料，以及对未能在这些报表中列示项目的说明等。附注是财务报表的重要组成部分。附注应当按照如下顺序披露有关内容：

一、企业的基本情况

1. 企业注册地、组织形式和总部地址。
2. 企业的业务性质和主要经营活动。
3. 母公司以及集团最终母公司的名称。
4. 财务报告的批准报出者和财务报告批准报出日。
5. 营业期限有限的企业，还应当披露有关营业期限的信息。

二、财务报表的编制基础

财务报表的编制基础是指财务报表是在持续经营基础上还是非持续经营基础上编制的。企业一般是在持续经营基础上编制财务报表，清算、破产属于非持续经营基础。

三、遵循企业会计准则的声明

企业应当声明编制的财务报表符合企业会计准则的要求，真实、完整地反映了企业的财务状况、经营成果和现金流量等有关信息，以此明确企业编制财务报表所依据的制度基础。

四、重要会计政策和会计估计

企业应当披露采用的重要会计政策和会计估计，不重要的会计政策和会计估计可以不披露。在披露重要会计政策和会计估计时，企业应当披露重要会计政策的确定依据和财务报表项目的计量基础，以及会计估计中所采用的关键假设和不确定因素。

1. 重要会计政策的说明

由于企业经济业务的复杂性和多样化，某些经济业务可以有多种会计处理方法，也即存在不止一种可供选择的会计政策。企业在发生某项经济业务时，必须从允许的会计处理方法中选择适合本企业特点的会计政策，企业选择不同的会计处理方法，可能极大地影响企业的财务状况和经营成果，进而编制出不同的财务报表。为了有助于使用者理解，有必要对这些会计政策加以披露。

需要特别指出的是，说明会计政策时还需要披露下列两项内容：

（1）财务报表项目的计量基础。会计计量属性包括历史成本、重置成本、可变现净值、现值和公允价值，这直接显著影响报表使用者的分析，这项披露要求便于使用者了解企业财务报表中的项目是按何种计量基础予以计量的，如存货是按成本还是可变现净值计量等。

（2）会计政策的确定依据。主要是指企业在运用会计政策过程中所作的对报表中确认的项目金额最具影响的判断。例如，企业如何判断持有的金融资产是持有至到期的投资而不是交易性投资；又比如，对于拥有的持股不足50%的关联企业，企业为何判断企业拥有控制权因此将其纳入合并范围；再比如，企业如何判断与租赁资产相关的所有风险和报酬已转移给企业，从而符合融资租赁的标准；以及投资性房地产的判断标准是什么等等，这些判断对在报表中确认的项目金额具有重要影响。因此，这项披露要求有助于使用者理解企业选择和运用会计政策的背景，增加财务报表的可理解性。

2. 重要会计估计的说明

企业应当披露会计估计中所采用的关键假设和不确定因素的确定依据，这些关键假设和不确定因素在下一会计期间内很可能导致资产、负债账面价值进行重大调整。在确定报表中确认的资产和负债的账面金额过程中，企业有时需要对不确定的未来事项在资产负债表日对这些资产和负债的影响加以估计。例如，固定资产可收回金额的计算需要根据其公允价值减去处置费用后的净额与预计未来现金流量的现值两者之间的较高者确定，在计算资产预计未来现金流量的现值时需要对未来现金流量进行预测，并选择适当的折现率，应当在附注中披露未来现金流量预测所采用的假设及其依据、所选择的折现率为什么是合理的等。这些假设的变动对这些资产和负债项目金额的确定影响很大，有可能会在下一个会计年度内作出重大调整。因此，强调这一披露要求，有助于提高财务报表的可理解性。

五、会计政策和会计估计变更以及差错更正的说明

企业应当按照会计政策、会计估计变更和差错更正会计准则及其应用指南的规定，披露会计政策和会计估计变更以及差错更正的有关情况。

六、重要报表项目的说明

企业应当以文字和数字描述相结合、尽可能以列表形式披露重要报表项目的构成或当期增减变动情况，并与报表项目相互参照。在披露顺序上，一般应当按照资产负债表、利润表、现金流量表、所有者权益变动表的顺序及其报表项目列示的顺序。

七、其他需要说明的重要事项

这主要包括或有和承诺事项、资产负债表日后非调整事项、关联方关系及其交易等。

读 者 意 见 反 馈 表

亲爱的读者：

感谢您对中国铁道出版社的支持，您的建议是我们不断改进工作的信息来源，您的需求是我们不断开拓创新的基础。为了更好地服务读者，出版更多的精品图书，希望您能在百忙之中抽出时间填写这份意见反馈表发给我们。随书纸制表格请在填好后剪下寄到： 北京市西城区右安门西街8号中国铁道出版社综合编辑部 王佩 收（邮编：100054）。或者采用传真（010-63549458）方式发送。此外，读者也可以直接通过电子邮件把意见反馈给我们，E-mail地址是：1958793918@qq.com。我们将选出意见中肯的热心读者，赠送本社的其他图书作为奖励。同时，我们将充分考虑您的意见和建议，并尽可能地给您满意的答复。谢谢！

- -

所购书名：______________________________

个人资料：

姓名：____________性别：__________年龄：__________文化程度：________________

职业：____________________电话：________________E-mail：____________________

通信地址：______________________________________邮编：____________________

- -

您是如何得知本书的：

□书店宣传 □网络宣传 □展会促销 □出版社图书目录 □老师指定 □杂志、报纸等的介绍 □别人推荐

□其他（请指明）____

您从何处得到本书的：

□书店 □邮购 □商场、超市等卖场 □图书销售的网站 □培训学校 □其他

影响您购买本书的因素（可多选）：

□内容实用 □价格合理 □装帧设计精美 □优惠促销 □书评广告 □出版社知名度

□作者名气 □工作、生活和学习的需要 □其他

您对本书封面设计的满意程度：

□很满意 □比较满意 □一般 □不满意 □改进建议

您对本书的总体满意程度：

从文字的角度 □很满意 □比较满意 □一般 □不满意

从技术的角度 □很满意 □比较满意 □一般 □不满意

您希望书中图的比例是多少：

□少量的图片辅以大量的文字 □图文比例相当 □大量的图片辅以少量的文字

您希望本书的定价是多少：

本书最令您满意的是：

1.

2.

您在使用本书时遇到哪些困难：

1.

2.

您希望本书在哪些方面进行改进：

1.

2.

您需要购买哪些方面的图书？对我社现有图书有什么好的建议？

您更喜欢阅读哪些类型和层次的经管类书籍（可多选）？

□入门类 □精通类 □综合类 □问答类 □图解类 □查询手册类

您在学习计算机的过程中有什么困难？

您的其他要求：